KB027584

드림

시크릿

2020~2021년 수도권 알짜 상권 분석

시크릿

2020~2021년 수도권 일짜 상권 분석

초판 1쇄 인쇄 2020년 2월 26일
초판 1쇄 발행 2020년 3월 4일

지은이 권강수
자료정리 정호비

발행인 장상진
발행처 (주)경향비피
등록번호 제2012-000228호
등록일자 2012년 7월 2일

주소 서울시 영등포구 양평동 2가 37-1번지 동아프라임밸리 507-508호
전화 1644-5613 | **팩스** 02) 304-5613

ISBN 978-89-6952-388-4 04320
978-89-6952-389-1 (세트)

· 값은 표지에 있습니다.
· 파본은 구입하신 서점에서 바꿔드립니다.

부동산 투자
공식을 뒤집는
1% 투자자들의
비밀 노트

시크릿

쉿! 소문내지 마라!

2020~2021년 수도권 알짜 상권 분석

권강수 지음

경향BP

머리말

'상권 탐방'에 대한 안내

그 동안의 경험으로 봤을 때 "상가를 포함한 부동산 투자와 창업에서 가장 중요한 것은 무엇인가?"에 대한 답은 "현장!"이라고 생각한다. 발품을 많이 팔아 현장을 직접 둘러보고 현장에 있는 주변 사람들의 얘기를 들어보고 객관적으로 판단할 때 비로소 특정 지역을 제대로 파악할 수 있기 때문이다.

그래서 이 책에서는 현장의 목소리를 그대로 담은 '상권 탐방'을 비중 있게 다루고 세세하게 설명하였다. 창업이나 상가 투자를 고려하고 있다면 가장 중요한 부분이기 때문에 더욱 신중을 기했다. 독자 여러분이 최대한 이해하기 쉽게 작성하기 위해 노력했다.

2018년 5월에 출간한 책 『부자들의 상가투자』에 서울에서 눈여겨봐야 할 40개 지역의 상권 분석을 먼저 소개한 바 있다. 이후 다른 지역에 대한 독자들의 상권 분석 요청이 많아 이번 책에서는 지난 책에서 소개하지 못한 서울 주요 지역과 수도권 지역 신도시 일부를 포함한 25개 지역을 추가로 분석했다.

'상권 탐방'을 작성하기 위해 서울과 수도권 신도시 일부 지역 총 25개 지역 상권을 일일이 직접 방문했으며 상인들과 부동산 공인중개사사무소 등 상권 관련자들의 인터뷰도 같이 진행했다. 최대한 예비창업자와 투자자의 관점에서 현실적으로 가능한 부분만 판단해서 객관적으로 작성했다. 단언컨대 특정지역의 상권에 대하여 차별을 두거나 우호적으로 작성한 부분은 없다.

상권별로 정리한 시세의 경우 점포와 입지, 건물주에 따라 가격이 제각각이기에 최대한 객관적으로 담기 위해 노력했다. 상권과 시세는 마치 살아 있는 생물과도 같아서 교통과 개발 등 주변 환경의 변화에 따라 끊임없이 바뀐다는 점을 감안해야 한다. 그러므로 상권의 시세는 가이드라인 정도로만 생각하기 바란다.

이 책에서 제시한 표에서 보증금, 월세, 권리금은 해당 지역 현장에서 여러 공인중개사사무소와 주변 상인들을 만나 하나하나 조사한 것을 바탕으로 평균치로 정리한 것이다. 그중 입지에 따라 보증금과 월세가 월등히 높은 곳은 권리금이 없는 지역도 많았는데, 강남이나 서울의 대표 부촌 등 땅값이 높은 지역의 경우가 해당된다.

같은 지역 내에서도 상권의 큰 틀에서 전체적으로 세부적인 유동인구가 많은 동선 입지에 따라 A+급, A급, B급, C급 등으로 기준을 정해서 시세를 등급으로 분류해 조사하고 기입했다.

상권 등급의 경우 A+급은 지하철역 바로 앞 초역세권 점포, A급은 지하철역 인근 도보 5분 이내의 거리 골목 또는 메인 먹자상권 내 핵심 지역으로 분류된 곳, B급은 지하철역에서 가깝지만 메인 골목상권에서 조금 벗어난 곳, C급은 동네 주택가 골목상권을 기준으로 삼았다.

이 상권 등급을 기준으로 하여 상가 시세(가격) 표에서는 일반적으로 가장 많이 거론되는 A급과 B급을 중심으로 다루었다. A+급 초역세권 점포의 경우 점포 수도 적고 가격 편차가 커 전체 평균을 낸다는 것이 현실적으로 무리가 있어 제외했으며, C급 점포 또한 대부분 권리금이 없거나 적으며, 마찬가지로 평균시세와 편차가 커서 제외했다. 상권 시세는 전반적으로 평균 수준의 실제 거래를 기본 바탕으로 했다.

표에 들어간 공시지가는 국토교통부(일사편리) 홈페이지 자료를 바탕으로 조사했다. 통상적으로 실제 토지가격은 공시지가의 2배 수준에 거래되기 때문에 예상 토지매매가는 대부분 일률적으로 공시지가에서 2배를 곱해 합산했다. 그러므로 지역개발에 따라 조금 높거나 낮거나 할 수 있다는 점을 감안하길 바란다.

상가 매매가는 건물 준공 시기와 관리상태 등에 따라 천차만별이므로 표에 별도로 기입하지 않았다. 예상 토지매매가에 건물 가격을 합한 가격이 상가 매매가이므로 실제 상가 매매는 예상 토지매매가보다 더 높게 거래된다는 점을 참고하면 된다.

마지막으로 지하철역 1일 승하차 이용자 수는 서울교통공사, 한국철도공사, 서울시메트로9호선, 네오트랜스주식회사 1일 승하차수 통계자료를 참고해 작성하였다. 전체적인 조사는 2019년 9월부터 시작해 12월

말까지 진행된 결과값을 바탕으로 하였다.

이 책은 전반적인 지역 상권에 대한 가이드라인을 제시하고자 작성했으며, 현장 답사 전에 미리 살펴본다는 느낌으로 생각하는 것이 좋다. 이 책에는 없지만 다른 지역 상권의 경우를 분석하는 것도 유사한 방식으로 생각하면 도움이 될 것이다.

지금 상가를 포함한 부동산 투자 및 점포 창업을 고려하고 있다면 독자 여러분이 반드시 직접 현장을 답사한 후 심사숙고하여 최종적인 판단을 하길 바란다.

권강수

차례

내국인·외국인 한복차림 유동인구 풍부한

서촌 상권

광화문광장, 경복궁 등 문화시설과 가까워 주말 유동인구 많음

내국인·외국인, 친구, 가족, 연인 등 다양한 유동인구 방문

자하문로7길~옥인길, 골목골목 펼쳐진 상권

'엽전 도시락' 이슈 등 지역명소로 자리 잡은 재래시장 '통인시장'

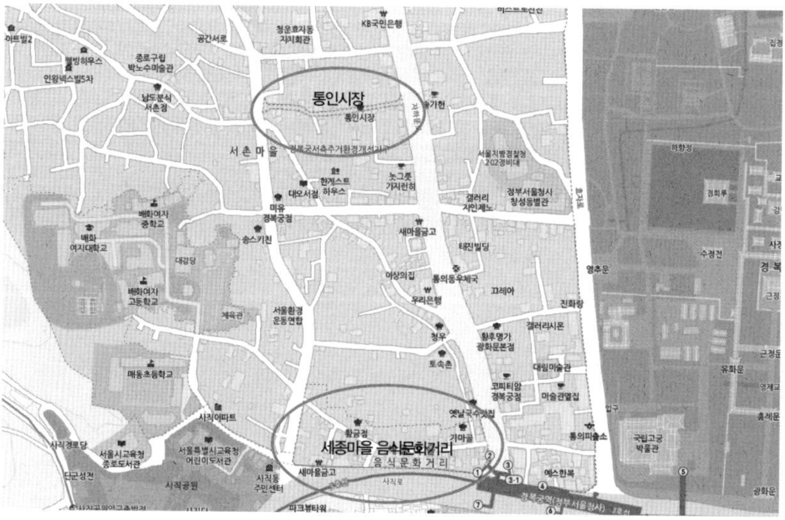

서촌 상권 상가 평균 시세 & 승하차 인구

A급 점포(서촌)

A급 점포(세종마을 음식문화거리)

전용면적 3.3㎡ 기준 / 단위 : 만 원

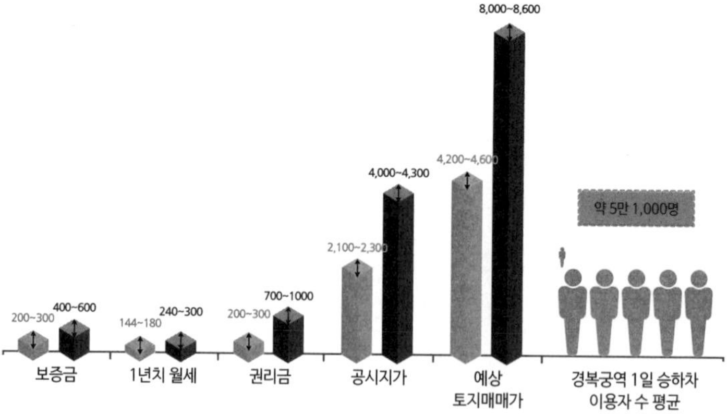

자료제공 : 상가의신

※ 현지 중개사무소를 방문 조사한 것으로 점포 입지에 따라 약간의 시세차가 있을 수 있습니다.

출처 : 국토교통부, 서울교통공사

3호선 경복궁역 2, 3번 출구로 나오면 한국어 간판들이 방문객을 반긴다. 작은 매장은 물론 다른 지역에서는 영어로 쓰여 있는 유명 프랜차이즈 매장 간판도 한국어로 되어 있는 전통적인 분위기의 상권이다.

이방원이 왕위에 오르기 전에 거주하던 집에서 세종이 태어났다고 하여 '세종마을'이라고도 불리는 서촌은 인왕산 동쪽과 경복궁 서쪽 사이의 청운동, 효자동과 사직동 일대를 말한다. 서촌 상권은 경복궁이 가깝게 위치해 있어 주말이나 연휴에는 계절을 막론하고 한복차림을 한 관광객들을 쉽게 찾아볼 수 있다.

사직공원, 세종로공원과 인접하며 광화문광장, 세종문화회관과도 가까워 유동인구가 많다. 경복궁 및 국립민속박물관, 국립고궁박물관 등 박물관도 여럿 위치해 있다. 청운초등학교와 경복고등학교, 경기상업고등학교, 국립서울농학교 등의 학교도 있다.

상권 안쪽에 매동초등학교와 배화여중·고·대학교가 위치해 있고, 그 뒤쪽으로는 인왕산이 자리 잡고 있어 상권이 더 확장하여 성장하기에는 지리적 한계가 있다.

먹자상권 분위기의 세종마을 음식문화거리

경복궁역 2, 3번 출구 대로변은 화장품 매장과 소규모 프랜차이즈 매장, 카페 등이 주를 이루고 있다. 특이한 점을 꼽자면 서촌의 한복 체험을

서촌 상권 월 평균매출 TOP 5 업종

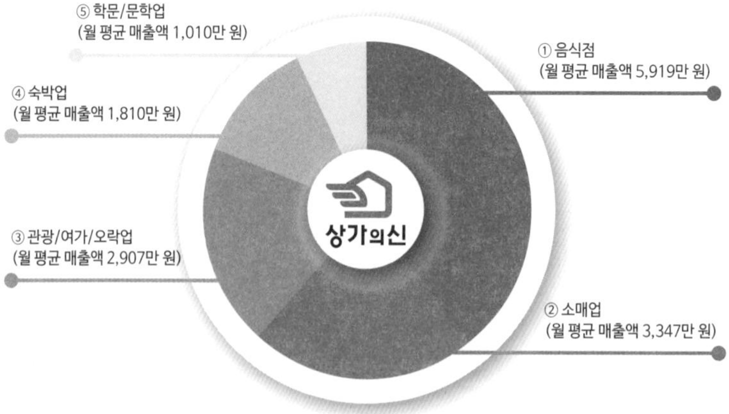

출처 : 소상공인진흥공단, 서촌 상권 2018년 하반기 기준 매출통계자료 (조사일 : 2019.12.13)

들 수 있다. 실제 대로변 상가에서는 한복을 체험할 수 있도록 대여해주는 한복대여점이 많이 들어서 있고, 서촌 상권 일대에서 한복차림을 한 사람들을 쉽게 볼 수 있다. 과거 명절에 입던 한복과 달리 요즘 트렌드에 맞춘 다양한 디자인의 한복을 고를 수 있어 남녀노소 불문하고 색다른 추억을 남길 수 있어 관광객들에게 인기가 높다.

경복궁역 2번 출구로 나와 파리바게트 골목으로 들어서면 2012년 '세종마을 음식문화거리'로 지정된 먹자골목 상권이 나온다. 기존에 재래시장(금천교시장)이었던 이 골목은 현재 고깃집부터 족발집, 일식집, 호프집 등 일반 먹자골목에서 흔히 볼 수 있는 상권의 모습을 형성하고 있다. 특히 평일 점심시간대와 저녁시간대에 손님들로 붐빈다.

소상공인시장진흥공단의 2018년 하반기 매출통계 자료를 살펴보면 음식(월평균매출 5,919만 원), 소매(월평균매출 3,347만 원), 관광/여가/오락(월평균매출 2,907만 원), 숙박(월평균매출 1,810만 원), 학문/문학(월평균매출 1,010만 원) 순이다.

인근 상인들은 "밤이 되면 상권이 화려해 보이지만 점포세가 높아 실제로 장사가 잘되는 곳은 몇 군데 안 된다."며 "장사가 잘될 것으로 기대하고 들어왔다가 큰 손해를 보고 나가는 안타까운 경우도 봤는데 주인들이 월세를 인하해줬으면 좋겠다."고 한목소리로 말했다.

과거와 현재가 공존하는 상권

경복궁역 2번 출구에서 세종마을 음식문화거리 입구를 지나 자하문로를 따라 걷다 보면 우리은행이 나오는데 그 뒤쪽 골목인 자하문로7길부터 옥인길까지 일대를 본격적인 서촌 상권으로 볼 수 있다.

서촌 상권은 약 5~6년 전부터 전통적인 매력이 SNS를 통해 퍼지며 관심을 받기 시작했다. 타 상권에 비하면 규모가 작으며 좁고 구불구불한 골목을 따라가야 하는 단점이 있지만 그 안에서 이색적인 장소를 찾는 재미가 쏠쏠해 특히 주말과 공휴일에 사람들이 많이 찾는다.

리모델링한 상가들 사이사이로 한옥 지붕의 상가와 옛 향수를 떠올리는 오락실, 유명 여가수의 뮤직 비디오 촬영장소로 이슈가 된 앤틱한 분위기를 갖춘 헌책방 외관의 카페 등 다양한 명소가 공존하고 있다. 또한 이전부터 이중섭, 윤동주, 이상, 박노수 등 예술가들의 생활터전이었던 영향을 받아 소규모 공방과 갤러리도 많다.

서촌 상권 내에서 가장 높은 비중을 차지하는 업종은 음식업으로 주로 아기자기한 분위기의 카페와 기존 한옥을 개조한 레스토랑들이 많은 인기를 얻고 있다. 한국 전통문화에 관심이 많은 외국인 관광객도 자주 방문한다. 점포 면적은 대부분 전용면적 33m² 내외로, 소형 점포가 자리 잡고 있는 편이다.

인근 부동산 공인중개사사무소 관계자는 "이곳 골목상권은 체계적 계획 개발 관리가 필요한 지역인 지구단위계획구역으로 지정돼 있어 프랜

차이즈는 들어올 수 없다."며 "상권을 보호하는 차원도 있지만 무엇보다도 손님들이 다양한 데다 게스트하우스가 많아 외국인 고객도 상당수 있는 곳이어서 점포만의 고전적 특징이 없다면 오래 유지하기 어려운 곳이다."라고 말했다.

소상공인시장진흥공단의 2019년 인구분석 자료를 살펴보면 60대 유동인구가 21.1%로 연령별 비율 중 가장 높고 그 뒤를 이어 40대 20.7%, 50대 19.6%, 30대 17.8%, 20대 14.9%의 비율이다. 요일별 유동인구를 살펴보면 목요일에 17.4%로 유동인구가 가장 많으며 나머지 요일도 비슷한 모습이나 일요일에는 11.1%까지 떨어지는 것으로 나타났다.

낙후된 재래시장은 옛말,
이색 체험으로 주목

서촌 상권 인근에 위치한 통인시장은 이른바 엽전도시락으로 유명 TV 프로그램과 개인방송, SNS 등으로 소비자들에게 전해지며 색다른 재미로 주목받게 됐다. 2000년대 초반까지만 해도 낙후된 시설로 젊은층의 발길이 끊겼던 통인시장이 2012년부터 주목받기 시작했다.

통인시장상인회에서 엽전도시락을 운영하는데 현금을 통인시장만의 화폐수단인 엽전으로 교환해 도시락 그릇을 들고 시장을 돌아다니며 기름떡볶이, 마약김밥, 빈대떡, 잡채, 손만두 등 시장에서 판매하는 길거리 음식을 구매하는 것이다. 엽전은 시장입구에 위치한 '통인시장 고객만족센터'에서 5,000원당 엽전 10냥으로 교환할 수 있다.

같은 금액을 내고 먹는 것이지만 시장 곳곳을 돌아다니며 엽전으로 결제를 하고 도시락 그릇에 먹거리를 채워넣는 재미로 10~20대 젊은 고객부터 가족단위는 물론 외국인까지 다양한 소비층이 방문하고 있다. 엽전도시락 아이디어를 통해 통인시장은 이제 서촌을 방문하면 꼭 들러야 하는 필수코스가 됐다.

관심을 받지 못하던 평범한 동네 상권이 유명 상권으로 주목받기 위해서는 서촌 통인시장의 '엽전'처럼 독특하지만 매력적인 수단이 필요하다. 지역 특성을 잘 반영해 소비자들이 신선함을 느낄 수 있는 새로운 아이디어를 잘 적용시킨다면 사람들의 발길이 잘 닿지 않는 재래시장이라 하더라도 지역 명소로 떠오를 수 있다.

최근에는 새롭게 주목받는 상권도 많지만 지나간 유행처럼 금방 잊히는 상권도 많다. 상권 활성화를 위해 지자체와 지역상인연합이 머리를 맞대고 적극적으로 소비고객 유입을 위해 방안을 마련해야 한다.

서촌 상권 상가 평균 시세 & 승하차인구 현황(가격 단위 : 만 원)

구분	A급 점포 (서촌)		A급 점포 (세종마을 음식문화거리)	
	전용면적(㎡)	33	전용면적(㎡)	33
보증금	2,000~3,000		4,000~6,000	
월세	120~150		200~250	
권리금	2,000~3,000		7,000~10,000	
공시지가(3.3㎡)	2,100~2,300(옥인길)		4,000~4,300(자하문로1길)	
예상 토지매매가(3.3㎡)	4,200~4,600		8,000~8,600	
경복궁역 1일 승하차 이용자수 평균 : 약 5만 1,000명(출처 : 서울교통공사)				

※ 현지 중개업소를 방문 조사한 것으로 점포 입지에 따라 약간의 시세차가 있을 수 있습니다.

서울 교통의 중심, 전국을 오가기 위해 찾는

서울역 상권

전국 교통의 중심, 1·4호선 환승역 '서울역'

대형 오피스 상권과 연결된 고가 '서울로7017'

서울로 개장 후 중림로·청파로 등 상권 변화 중

주5일 상권, 30·40대 유동인구 비율 가장 많음

노숙자들 대표적 아지트 이미지 강해 관리 시급

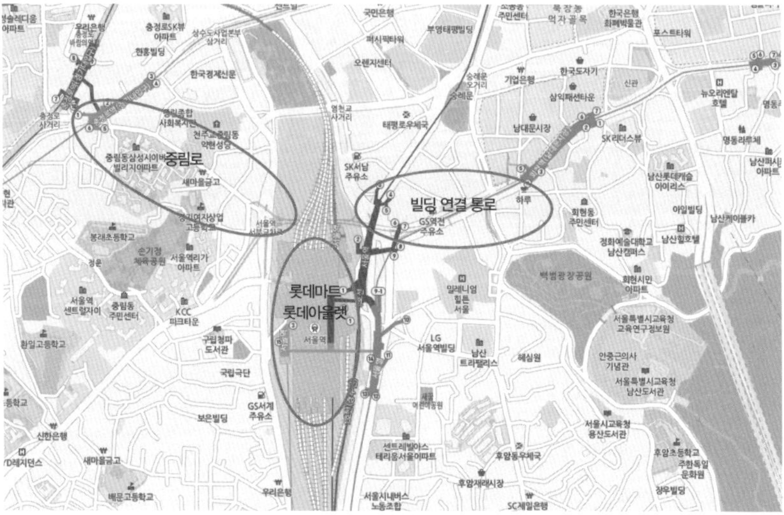

서울역 상권 상가 평균 시세 & 승하차 인구

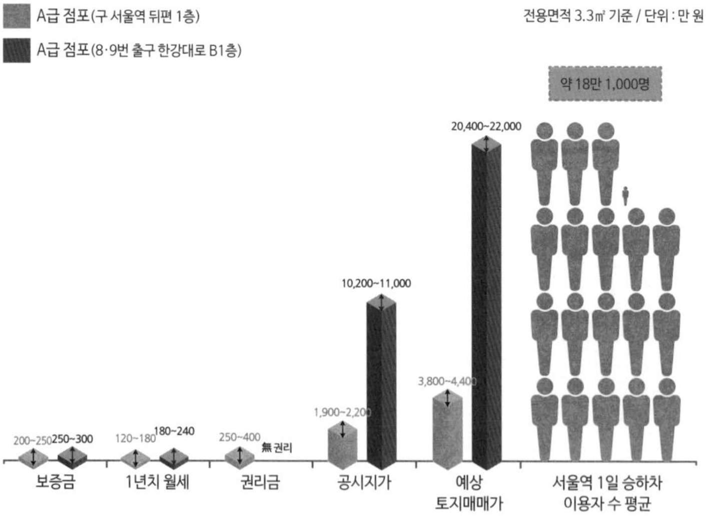

자료제공 : 상가의신

※ 현지 중개사무소를 방문 조사한 것으로 점포 입지에 따라 약간의 시세차가 있을 수 있습니다.

출처 : 국토교통부, 서울교통공사, 한국철도공사

서울역은 대한민국 수도 서울에서 전국을 오가는 관문 중 하나이다. 서울 교통의 중심지라고 할 수 있는 서울역에는 1호선과 4호선, KTX(고속열차), 공항철도 등 철도교통망과 80여 개의 버스노선이 지나는 버스환승센터가 위치해 이를 이용하려는 이용객으로 항상 붐빈다.

서울역은 1900년 경인선의 서울 도심 구간 개통과 함께 경성역이라는 이름으로 운영되기 시작했다. 그로부터 5년 뒤 남대문역으로 명칭이 변경되었다가 1923년 다시 경성역으로 바뀌었다. 이후 광복 1년 뒤인 1946년에 서울역으로 명칭이 변경되었다. 서울역은 대한민국 철도의 시점이자 종점으로 통한다.

서울역은 2009년부터 문화체육관광부 예산으로 구 서울역을 문화시설로 리모델링하기 위한 복원공사를 시작하였으며, 2012년 4월 2일 완공되어 '문화역서울284'로 이름이 바뀌었다. 현재 문화역서울284는 복합문화공간으로 운영되고 있으며, 2013년부터 연간 운영체계를 확정하고 예술감독을 공모하여 운영하고 있다.

서울역 상권은 서울역 주변에 대형 오피스 빌딩들이 밀집돼 있어 오피스 상권의 특징도 보인다. 주말보다는 평일이 더욱 붐비는 상권이라고 할 수 있다. 그 밖에도 서울역 민자역사에 입점돼 있는 쇼핑몰과 서울역 고가공원(서울로7017) 개장 이후 핫해진 중림로 상권 등이 서울역 상권을 형성하고 있다.

대형 오피스 상권과 연결된 고가 서울로7017

서울역 상권은 대형 오피스 밀집지역으로 사무실 종사자들의 소비 성향이 강한 지역이다. 서울역 8, 9번 출구 방면 서울스퀘어 빌딩을 시작으로 서울시티타워, 메트로타워, 게이트웨이타워 등 대기업 빌딩이 밀집되어 대표적인 오피스 상권을 형성하고 있다.

산업화 시대를 상징해온 서울역 고가도로는 2014년 박원순 시장의 지방선거 공약 중 하나로 2017년 5월 20일 공원화되어 새롭게 개장됐다. 과거 45년간 자동차 도로로 이용되다가 '서울로7017'이라는 이름으로

새롭게 바뀐 이 길은 보행길에 꽃과 나무가 어우러진 공중정원으로 탈바꿈되었다.

서울로는 서울을 대표하는 사람길과, 서울로 향하는 길이라는 중의적 의미를 담고 있다. 7017의 '70'은 서울역 고가가 만들어진 1970년을, '17'은 공원화 사업이 완료된 2017년과 17개의 사람길, 고가차도의 높이인 17m의 복합적인 의미를 지닌다.

현재 서울로7017과 연결통로로 이어진 빌딩은 대우재단빌딩과 호텔마누 두 곳이다. 빌딩 내부를 새롭게 리모델링하면서 음식점, 카페, 베이커리, 편의점 등 다양한 편의시설이 서울로7017과 연결되어 영업 중이고 서울로를 따라 이어진 길에 베이커리, 카페 등이 위치해 있다.

오피스 빌딩 지하층의 경우 상가들이 몰려 있는데 대부분 식당과 판매시설로 구성돼 있다. 서울역 8, 9번 출구 방향 S빌딩 지하1층의 경우 월 임대료가 위치에 따라 3.3m²당 10~20만 원 선이고, 보증금은 3.3m²당 150~300만 원 선으로 월세금액의 약 15배 정도이다. 여기에 관리비는 3.3m²당 3만 5,000원 선이다.

특히 식사 후에는 후식으로 음료 구매로 이어져 커피전문점이 성황을 이루고 있다. 야간에는 직장인들이 퇴근 후에 모여 회식을 하거나 개별적으로 저녁식사를 하는 모습을 쉽게 볼 수 있다. 전통적으로 상권이 형성된 지 오래되었고 직장인 수요층이 많기 때문에 식사와 술을 겸할 수 있는 한식, 고깃집 등의 비중이 높다.

서울로와 빌딩 연결통로는 서울로를 이용하며 산책하는 통로 역할뿐 아니라 문화공간 기능도 한다. 현재 서울로에서는 매달 서울365 패션쇼 및 버스킹 공연 등 다양한 문화공연 행사가 진행 중이다.

외국인 관광객 눈길을 끄는 서울역 롯데마트·아울렛

서울역 민자역사에는 현재 롯데마트와 롯데아울렛이 입점해 있다. 과거 서울역사 개장 당시 한화그룹 계열의 갤러리아백화점 콩코스점이 신서울역 민자역사 개업과 함께 입점했으나 영업 부진으로 폐점하고, 그 자리를 롯데쇼핑이 임대해 현재까지 운영 중이다.

서울역사와 연결된 롯데마트, 롯데아울렛은 서울역 상권의 중심부에 위치해 있다. 서울역은 경기권이나 인근으로 이동하는 사람들이 절대다수의 유동인구를 형성하고 있고 차량을 통해 인근 거주자들이 대형 할인점인 롯데마트로 유입되는 흐름을 보인다.

인근 중림동 사이버빌리지(712세대), 경희궁자이(1,148세대), 서울역센트럴자이(1,341세대), 마포래미안푸르지오(3,885세대) 등 대단지의 수요층이 대표적이다.

롯데마트는 개장 후 외국인 관광객의 꾸준한 유입으로 높은 매출을 기록 중이다. 전국 120개 롯데마트 점포 중 매출 1~2위이며 중국인과 일본인 등 외국인 관광객의 매출 비중이 높다.

쇼핑을 하다 보면 점원들이 일본어·중국어를 사용하는 모습을 어렵지 않게 볼 수 있다. 롯데마트의 경우 외국인 관광객이 많이 찾다 보니 외국인 계산대가 따로 마련돼 있을 정도이다.

한국 로컬마트를 방문해보고 싶어 하는 외국인 관광객이 많고, 여행객들 사이에서 유튜브를 보고 한국 음식을 경험하기 위해 마트에 찾아오는 방문객이 증가하는 것으로 보인다.

롯데마트와 롯데아울렛의 경우 민자역사에 입점해 있는 상태인데 2017년 말 정부는 30년의 점용 허가 기간이 만료되는 서울역과 영등포역, 동인천역 등 민자역사 3곳에 대해 국가귀속 방침을 밝혔다. 해당역사에서 영업 중인 영세상인들의 피해가 우려되어 2년 임시사용허가 방침을 발표해 현재까지 영업을 이어오고 있다.

다만 한국철도시설공단이 공개 경쟁입찰을 통해 서울역 민자역사를

기존 운영자인 한화역사(주)가 단독 입찰하였다. 서울역 롯데마트의 경우 현재 한화로부터 임차해 운영 중이다. 이로 인해 최소 10년간 운영을 이어가게 되었으며, 국유재산특례제한법이 개정되면 최장 20년으로 늘어날 수도 있다.

소상공인시장진흥공단의 2019년 인구분석 자료를 살펴보면 30대 유동인구가 21.2%로 연령별 비율 중 가장 높고 40대가 20.4%로 두 번째로 높게 나타났다. 이어서 20대는 19%, 60대 18.1%, 50대 17.7%로 비슷한 비율이다. 요일별 유동인구를 살펴보면 금요일에 16.2%로 유동인구가 가장 많으며 나머지 요일도 비슷한 모습이나 대부분 직장인들로 구성되어 있어 일요일에는 유동인구가 11%까지 떨어지는 모습을 보인다.

확대되는 서울역 상권, 주목받는 중림로

서울역 상권은 2017년 개장한 서울로7017로 인해 주춤하던 상권 분위기가 달라졌지만 당초 기대 효과에는 못 미친다는 지적도 동시에 나온다. 그래도 서울역 뒤편에 보이는 실로암 찜질방부터 2호선 충정로역까지 이어진 골목길 '중림로'가 새롭게 주목받으며 눈길을 끌고 있다.

중림로는 서울로7017와 연결되면서 유동인구가 증가해 최근에는 경리단길과 중림로의 합성어인 '중리단길'이라는 별명까지 붙었다. 현재 중림로를 따라 2호선 충정로 방향으로 올라가다 보면 독특한 인테리어

서울역 상권 월 평균매출 TOP 5 업종

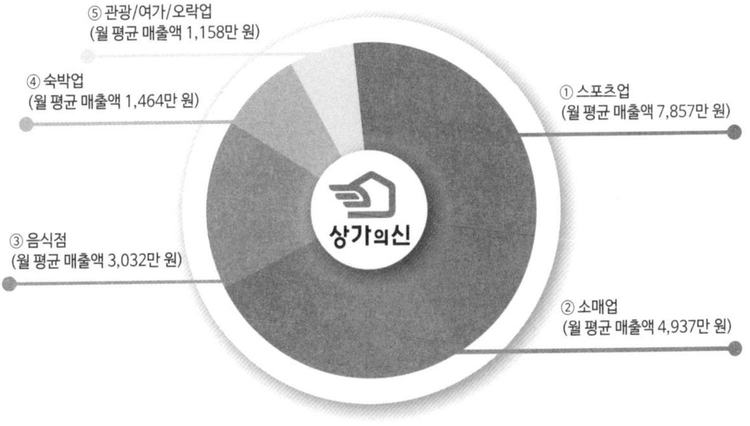

출처 : 소상공인진흥공단, 서울역 상권 2018년 하반기 기준 매출통계자료 (조사일 : 2019.12.13)

를 접목한 레스토랑, 고깃집, 미용실 등을 볼 수 있다.

서울로7017과 이어진 중림충정코스는 서울역-염천교-약현성당-성요셉아파트-이명래고약방-충정각으로 이어진다. 최근 데이트 스폿으로 SNS에 소문이 난 약현성당은 1891년에 서소문이 내려다보이는 약현이라는 언덕 위에 세워진 성당으로, 명동성당에서 분리되어 서울에서 두 번째로 설립된 본당이다. 젊은 세대가 SNS에 민감하게 반응하고 움직이는 경향이 강하기 때문에 중림로 상권도 확장되는 추세이다.

또한 서울역사 주변은 수많은 버스노선과 지하철을 통한 이동이 편리하고 도보로 남대문시장, 숙대입구와도 접근성이 좋아 상권이 발달하기 좋은 지리적 이점이 있다.

서울역사 뒤편 서소문 역사공원 방면의 '청파로'도 서울로7017 개장 이후 고객이 많이 늘었다. 그중 중림동삼거리에 위치한 호수집은 닭도리탕, 닭꼬치 맛집으로 소문이 자자해 항상 손님으로 북새통을 이루고 있다. 그 밖에도 서울역사에 위치한 토끼정, 계절밥상은 항상 다양한 연령층의 손님들이 찾는다.

소상공인시장진흥공단의 서울역 인근 상권의 매출통계 자료를 살펴보면 스포츠(월평균매출 7,857만 원), 소매(월평균매출 4,937만 원), 음식(월평균매출 3,032만 원), 숙박(월평균매출 1,464만 원), 관광/여가/오락(월평균매출 1,158만 원) 순으로 나타났다.

개장한 지 2년 된 서울로7017은 서울역 일대의 중심으로 도약했다. 서울역·중림동·만리동·남대문시장 등을 잇는 보행 네트워크 중심축 기능이 강화되었으며, 다채로운 문화활동과 식물이 있는 공원으로서 입지는 균하고 있지만 역 주변에는 버려진 쓰레기에다 노숙자들도 많아 청결한 주변 환경 조성을 위한 지자체의 노력이 필요하다.

인근 상인들에 따르면 "편리성은 높아졌지만 공원 역할보다는 사람들이 사실상 길 건너가는 고가 역할로 이용하고 있다."면서 "외부사람들이 여름과 겨울철에는 그늘과 추위 때문에 방문객들이 줄어 사계절편차도 커 상권 전체에 미치는 영향은 당초 계획보다 적은 것 같다."고 말했다.

서울역 상권은 분산돼 있는 형태를 띤다. 한곳에 모여 있는 상권이 아니다 보니 서울역에 창업을 준비 중이라면 권역별 꼼꼼한 시장조사가 필요하다. 서울역사 인근 빌딩의 경우 이미 대기업 프랜차이즈 업종이 성업 중이며, 중림동 역시 비슷한 모습을 보이고 있기 때문에 개인 창업자라면 인근 입점 업종을 고려해 창업을 준비해야 한다.

서울역 상권에서 창업을 고려하고 있다면 직장인들을 상대로 주간, 야간 영업을 할 수 있는 업종과 아이템을 선정하는 것이 중요하다. 대형 오피스가 배후로 된 주5일의 상권이기 때문에 가격대가 있으면서 테이블 회전이 빠른 아이템을 선정해야 창업이 유리하다.

서울역 상권 상가 평균 시세 & 승하차인구 현황(가격 단위 : 만 원)

구분	A급 점포 (구 서울역 뒤편 1층)		A급 점포 (8·9번 출구 한강대로 B1층)	
	전용면적(㎡)	66	전용면적(㎡)	66
보증금	4,000~5,000		5,000~6,000	
월세	200~300		300~400	
권리금	5,000~8,000		無권리금 지하빌딩 기업들 관리	
공시지가(3.3㎡)	1,900~2,200(서부교차로)		10,200~11,000(서울역 대로변)	
예상 토지매매가(3.3㎡)	3,800~4,400		20,400~22,000	
서울역 1일 승하차 이용자 수 평균 : 약 18만 1,000명(출처 : 서울교통공사, 한국철도공사)				

※ 현지 중개업소를 방문 조사한 것으로 점포 입지에 따라 약간의 시세차가 있을 수 있습니다.

강남과 강북 서울 도심 접근성 우수한

홍제역 상권

10~60대 폭넓은 고객층 찾는 이색 상권

재개발 및 재건축 개발 활발, 수혜 기대

지하철·버스 이용, 고양시~강남권 접근 편리

산으로 둘러싸여 평지 적고 상권 몰림

등산 코스, 하천 등 녹지주거환경 우수

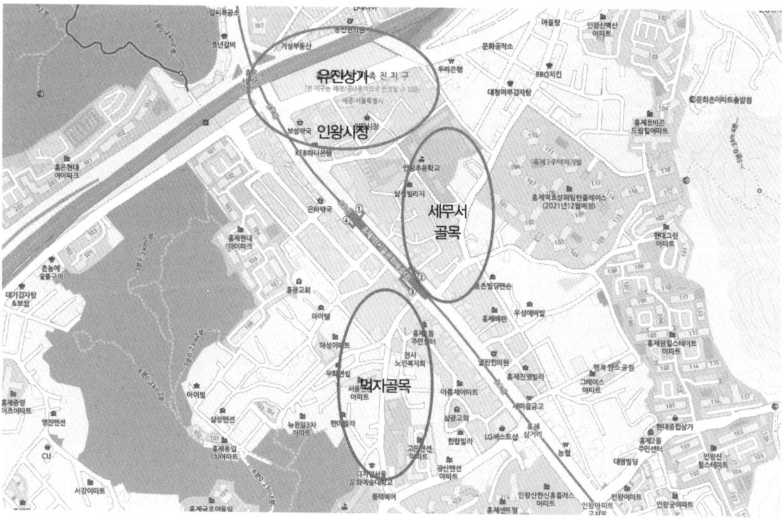

홍제역 상권 상가 평균 시세 & 승하차 인구

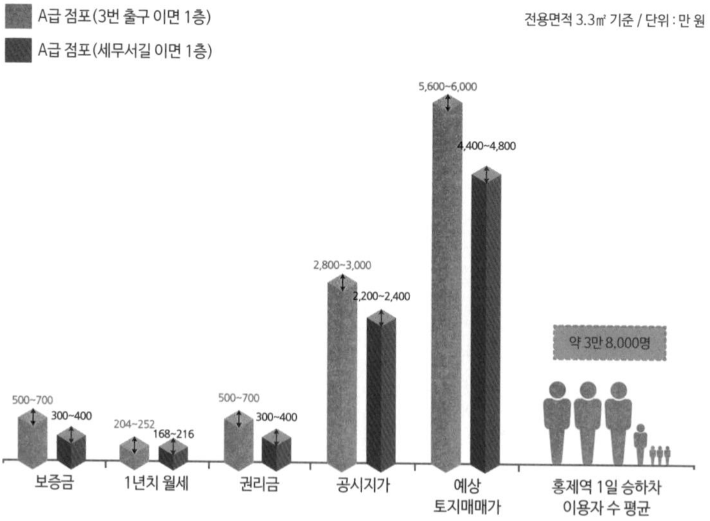

자료제공 : 상가의신

※ 현지 중개사무소를 방문 조사한 것으로 점포 입지에 따라 약간의 시세차가 있을 수 있습니다.

출처 : 국토교통부, 서울교통공사

홍제역은 서울의 요충지로 강남과 강북 모두 30분 내로 접근 가능하다. 인접한 내부순환로 진출입로 및 홍은사거리 인왕시장과 유진상가와 연계되어 무악재역과 시너지 효과를 내는 상권이다. 서울에서 조금은 낙후된 지역이지만 편리한 생활환경을 자랑하는 곳이기도 하다.

홍제역을 지나는 지하철 3호선은 서울 도심을 대표하는 압구정, 신사동, 고속버스터미널과 은평구, 고양시를 이어주는 역할을 한다. 홍제역 일대에는 20여 개의 버스노선이 있어 서울역~강남권 등 서울 도심의 주요 지역을 30분 안에 이동할 수 있다. 여기에 내부순환로가 홍제천을 따라 가로지르고 있어 차량을 통한 서울 강북지역은 물론 서울 전역으로의 접근성도 좋다.

홍제역에는 지하철역을 중심으로 왕복 8차선 통일로를 따라 상권이 형성되어 있다. 유진상가, 서대문세무서, 여성병원, 대성병원 등이 위치하며 50년 이상의 역사를 지닌 인왕시장이 아직도 자리를 지키고 있다.

배후수요도 탄탄한 지역인데 홍제현대 북한산더샵, 홍은벽산, 인왕산벽산, 문화촌현대, 홍제원현대, 인왕산현대 등 아파트와 주택, 빌라 등이 밀집돼 있다. 특히 3만여 세대가 넘게 거주하는, 손꼽히는 주거 밀집지역이다.

왕복 8차선 대로변, 교통환경 우수

홍제역 상권은 왕복 8차선 대로변을 따라 홍은사거리에서 무악재역 방면 홍제삼거리까지 넓은 지역에 형성돼 있다. 역 주변 대로변 1층 상가에는 은행, 프랜차이즈 빵집, 카페, 의류점, 미용실 등이 몰려 있으며 골목 안으로는 편의점, 부동산, 술집, 고깃집 등이 들어서 있다. 홍제역 상권은 다양한 연령층이 소비활동을 하고 있지만 유동인구 중 10~20대가 많아 상권이 보다 활발하게 움직이는 모습이다.

홍제역 상권은 서대문구 상권 중 핵심으로 손꼽히는 지역이기도 하다.

지하철 3호선 홍제역과 중앙버스정류장을 중심으로 상권이 형성되어 있으며 배후에 단독주택과 중소단지 아파트가 밀집되어 있어 거주인구가 많은 역세권의 모습이다.

홍은사거리에 유진상가가 위치하고 있어 주간·야간 모두 유동인구가 많으며 대로변을 중심으로 각종 판매시설과 외식업 매장들이 입점해 있다. 홍제역 출구 인근 대로변은 판매시설 및 외식 관련 매장들이 영업 중이고, 대로변 2층과 이면 도로에도 다양한 업종이 영업 중이다.

주 소비층은 10대에서 60대까지 남녀노소 다양한 연령층이 있으나 시간대별로 유동인구의 연령대가 달라진다. 요일별 유동인구를 살펴보면 금요일에 15.6%로 유동인구가 가장 많으며 나머지 요일도 비슷한 모습이나 일요일에는 10.7%까지 떨어지는 것으로 나타났다.

주거 밀집지역에 위치한 먹자골목

홍제역 3번 출구로 나와 디지털서울문화예술대학교 방향 통일로 37길에는 먹자골목이 형성돼 있다. 골목 초입에 약국과 미용실을 시작으로 노래방, 술집, 고깃집, 카페 등이 자리 잡고 있는 전형적인 먹자골목이다. 특히 토·일, 공휴일에는 홍제역에서 안산으로 등산하는 등산객이 많아 등산 후 저녁 술자리로 이어져 붐빈다.

홍제역 4번 출구 이면 골목에는 고깃집, 카페, 한의원 등이 영업 중이지만 3번 출구와는 다르게 주거지역의 느낌이 강하게 나타난다. 아파트 길목으로 이동하는 골목을 제외하면 유동인구도 적다.

홍제역 2번 출구 서대문세무서 방면 골목과 대로변 상권의 경우 주거 밀집지역으로 유동인구가 많다. 맥도날드, 롯데리아, 올리브영 등이 대로변에 자리잡고 있으며 골목 안쪽으로는 서대문세무서, 대성병원, 분식집, 빵집, 미용실 등이 영업 중이다.

세무서길을 따라가다 보면 나오는 홍제 3주택재개발지역 인근의 기존 영업 매장들은 철거로 인해 폐업수순을 밟고 있는 상황이다. 그럼에도 주거 밀집지역으로 주간·야간 보행자들의 발걸음은 꾸준하다.

유진상가 이면 도로에 위치한 인왕시장 골목은 전통시장 골목으로

50~60대의 유동인구가 많은 편이다. 입점 업종도 연령층에 맞춰져 국밥집, 고깃집 등이 영업 중이다. 홍제역 인근 상권 중 가장 낙후된 지역에 위치하여 저녁시간에는 으스스한 분위기가 감돈다.

소상공인시장진흥공단의 2019년 인구분석 자료를 살펴보면 60대 유동인구가 23.5%로 연령별 비율 중 가장 높고 그 뒤를 이어 50대 19.8%, 40대 19.7%, 30대 17%, 20대 14.8%의 비율이다.

소상공인시장진흥공단의 2018년 하반기 매출통계 자료를 살펴보면 숙박(월평균매출 4,675만 원), 소매(월평균매출 4,198만 원), 생활서비스(월평균매출 3,866만 원), 음식(월평균매출 3,196만 원), 관광/여가/오락(월평균매출 2,167만 원) 순이다.

홍제역 3번 출구 먹자골목 인근 두드림부동산 김갑수 실장은 "주변에

홍제역 상권 월 평균매출 TOP 5 업종

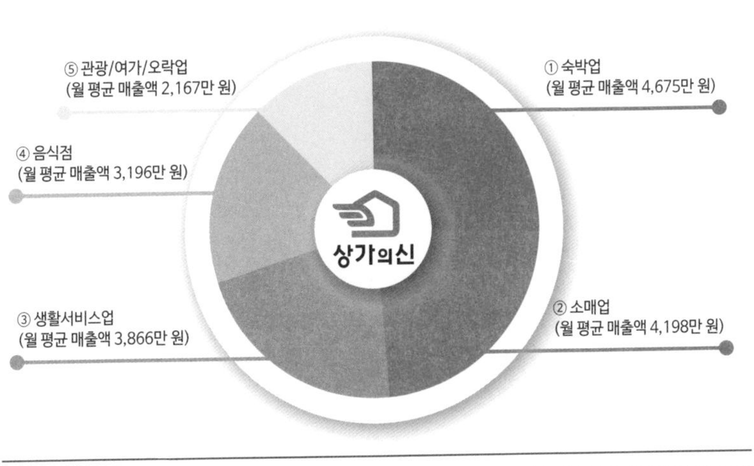

출처 : 소상공인진흥공단, 홍제역 상권 2018년 하반기 기준 매출통계자료 (조사일 : 2019.12.13)

산이 많은데, 대표적으로 인왕산, 안산, 백련산, 고운산 등이 사방으로 둘러싸여 있어 평지가 적어 상권이 몰려 있는 특징을 보인다."면서 "홍은동, 연희동, 남가좌동, 북가좌동으로 환승이 이어져 인근 주민들이 많이 거쳐 가는 길목으로 인근에 무악재역이나 녹번역보다는 홍제역을 중심으로 사람들이 많이 찾는다."고 말했다. 덧붙여 "고가 상품보다는 대로변의 중·저가 분식점, 먹거리 음식점과 식당들을 비롯한 소비재 상품들의 매출기복이 적어 꾸준한 흐름을 보이는 것 같다."고 말했다.

재개발 및 재건축 개발호재 풍부, 기대감 높다

현재 홍제동 일대는 재건축 및 재개발이 활발하게 진행 중이다. 무악재역에 인접한 홍제1구역 재건축지역은 총 819세대 규모로 2019년에 분양을 종료하였고, 홍제2구역 재개발지는 906세대 규모로 2019년 12월에 입주를 시작했다. 홍제3구역 재개발지역은 1,116세대 규모로 2019년 12월에 분양을 마감했다.

홍제동 일대는 20~30년가량 노후된 주택 및 건물들로 미관상 지저분한 느낌이 있는데, 현재 재개발과 재건축사업이 활발하게 진행되고 있어 기존의 낙후된 이미지는 점차 정비될 것으로 보인다.

홍제동은 정비사업 외에도 개발호재가 많다. 서울시가 발표한 '2030 서울시 생활권계획'에 따르면 홍제동에 의료와 산업·문화가 복합된 의료클러스터가 조성될 예정이다. 서대문구는 홍제역과 인왕시장길을 잇는 지하공간에 '언더그라운드 시티'를 조성해 상업시설과 문화복합시설을 건설하겠다는 계획도 발표했다. 개발사업들이 완공되기까지는 다소 긴 시간이 소요되겠지만 이로 인해 앞으로의 홍제역 상권이 기대된다.

홍제시장 자리였던, 현재 주차장으로 사용되는 자리의 경우 차후 33층 규모의 오피스텔이 들어설 예정이며 지하철 상권과 어우러져 홍제역 중심 상권을 크게 변화시킬 것으로 보인다.

홍제역 인근은 풍부한 녹지공간을 포함한 지역으로 안산, 백련산 등 등산코스는 물론 홍제천 산책로까지 이용할 수 있다. 홍제천을 통해 자전거 라이딩을 하며 한강으로 가는 젊은층의 모습도 자주 볼 수 있다.

홍제역 상권은 10대에서 60대까지 다양한 연령층이 이용하는 상권의 모습을 보이지만 연령별 타깃을 정확히 설정하고 아이템을 선정해 창업을 하는 것이 안정적이다. 홍제역 인근 대로변 상가는 임대시세가 높은 금액에 형성돼 있어 창업초기 투자비용이 높은 편이다. 창업 시에는 아파트 진입로 방향이나 대로변 2층 이상에 창업하는 것이 비용적인 측면에서 초기 부담금을 줄일 수 있는 방법이다.

홍제역 상권 상가 평균 시세 & 승하차인구 현황(가격 단위 : 만 원)

구분	A급 점포 (3번 출구 이면 1층)		A급 점포 (세무서길 이면 1층)	
	전용면적(㎡)	33	전용면적(㎡)	33
보증금	5,000~7,000		3,000~4,000	
월세	170~210		140~180	
권리금	5,000~7,000		3,000~4,000	
공시지가(3.3㎡)	2,800~3,000(통일로37길)		2,200~2,400(세무서길)	
예상 토지매매가(3.3㎡)	5,600~6,000		4,400~4,800	
홍제역 1일 승하차 이용자 수 평균 : 약 3만 8,000명(출처 : 서울교통공사)				

※ 현지 중개업소를 방문 조사한 것으로 점포 입지에 따라 약간의 시세차가 있을 수 있습니다.

뉴타운 사업으로 인구 증가 중인

구파발역 상권

은평뉴타운 대단지 배후수요 확보

가톨릭대학교 은평성모병원 개원 효과

연신내역 GTX 노선 개통 예정

복합쇼핑시설 롯데몰 집객 효과 우수

주말 북한산 등산객 집결지

상업지 상권 3년차로 지속 확장 중

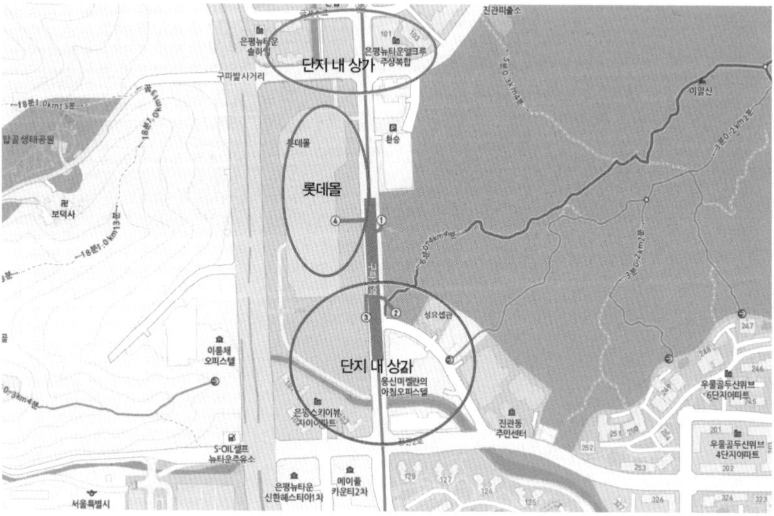

구파발역 상권 상가 평균 시세 & 승하차 인구

A급 점포(1·4번 출구 인근 1층)

A급 점포(2·3번 출구 인근 1층)

전용면적 3.3㎡ 기준 / 단위 : 만 원

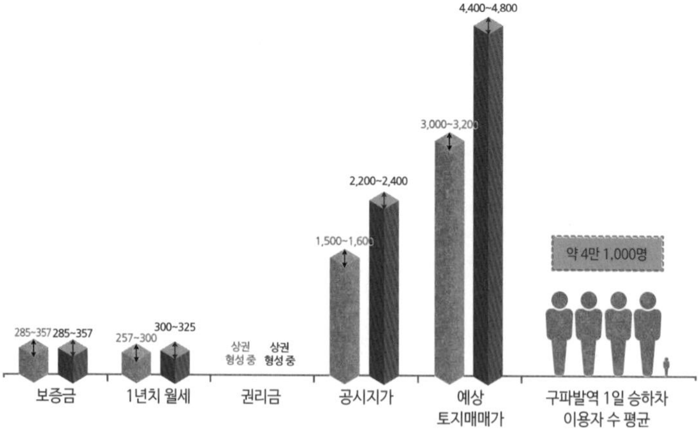

자료제공 : 상가의신

※ 현지 중개사무소를 방문 조사한 것으로 점포 입지에 따라 약간의 시세차가 있을 수 있습니다.

출처 : 국토교통부, 서울교통공사

은평뉴타운의 핵심 상권에 위치한 구파발역은 2005년 역사 일대에 재개발 바람이 불면서 아파트가 들어서기 시작했다. 은평뉴타운을 중심으로 재개발이 진행돼 수색증산뉴타운, 녹번재개발, 응암재개발 등으로 이어지며 주택단지 대신 아파트가 늘어나고 있다. 아파트 개발과 함께 인구도 증가하며 은평구에 활력을 불어넣고 있다.

은평구는 서울과 경기도 고양시를 연결하는 관문으로 사통팔달의 교통여건을 갖춘 지역이다. 이중 은평뉴타운은 현재 2만여 세대가 거주하고 있을 정도로 명실공히 핵심 상권으로 입지를 다지고 있다. 은평뉴타운의 중심상권이라고 할 수 있는 구파발역은 연신내역과 한 정거장 떨어진 곳으로 서울의 대표적인 베드타운이다.

구파발역에 위치한 롯데몰을 중심으로 형성된 현재의 구파발역 상권은 주변 아파트와 도시형 생활주택들의 입주가 진행되며 새로운 상권으로 변화가 진행 중이다. 경기도 고양시 삼송역 인근에 '신세계복합쇼핑몰(스타필드 고양)'이, 고양 원흥지구에 '이케아 2호점'이 개점하는 등 인근 상권에 대형 쇼핑·문화 시설이 연달아 생기고 있어 이들과 함께 시너지 효과를 내며 서울 서북부를 대표하는 상권으로 자리매김해 나아가고 있다.

은평구 대표
복합쇼핑몰 상권

구파발역 상권은 타 지역과 동일하게 지하철역을 중심으로 형성돼 있다. 은평뉴타운 일대의 아파트 단지를 배후수요로 확보해 생활밀착형 업종이 강세를 보이는 지역이다. 역을 중심으로 크게 롯데몰과 도로변에 위치한 스트리트형 상가로 나눌 수 있다.

구파발 상권을 대표하는 롯데몰은 구파발역 1번 출구에 위치한 초대형 복합쇼핑몰이다. 과거에 구파발역 주변에는 대형마트와 생활편의시설이 없어 장을 보려면 불광동과 일산까지 이동해야 해서 불편했는데,

2016년에 롯데몰이 오픈하면서 은평구를 대표하는 복합쇼핑시설로 자리 잡았다.

롯데몰 은평점은 롯데마트, 롯데시네마, 쇼핑몰, 롯데월드 언더씨킹덤, 하이마트 등 롯데의 대표 매장이 자리 잡고 있어 집객력이 뛰어나다. 그간 인근에 영화관도 없을 정도로 문화생활여건이 좋지 못했는데, 롯데시네마가 들어서며 주말이면 가족, 연인 등이 영화관을 이용하고 있다. 또한 롯데몰에서 문화생활, 쇼핑, 식사 등을 원스톱으로 이용할 수 있어 이곳에서 여가시간을 보내는 고객들의 발길이 이어지고 있다.

구파발역 대로변을 살펴보면 1, 2번 출구 정면으로 단지 내 상가, 주상복합 상가 등이 스트리트형 구조로 자리 잡고 있다. 반찬가게, 카페, 약국, 미용실, 편의점, 은행 등 아파트 단지 생활밀착형 업종들이 분포되어

구파발역 상권 월 평균매출 TOP 5 업종

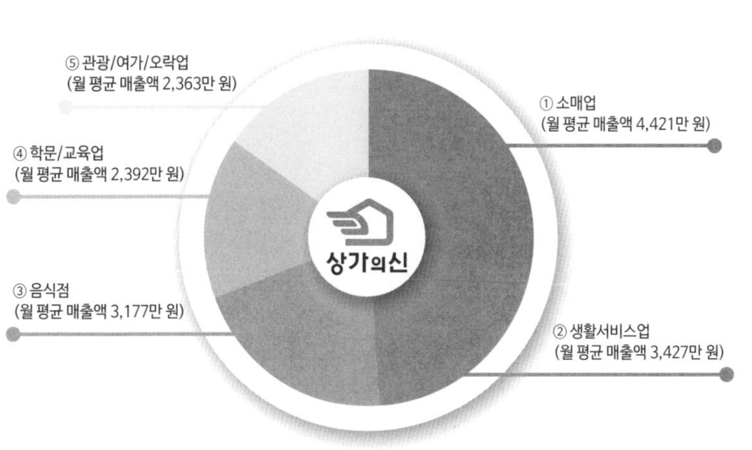

출처 : 소상공인진흥공단, 구파발역 상권 2018년 하반기 기준 매출통계자료 (조사일 : 2020.01.02)

있고 뉴타운 지역답게 부동산들이 상가마다 위치해 있다. 구파발역 3, 4번 출구 방면도 비슷한 모습을 보인다.

소상공인시장진흥공단의 2018년 하반기 매출통계 자료를 살펴보면 소매(월평균매출 4,421만 원), 생활서비스(월평균매출 3,427만 원), 음식(월평균매출 3,177만 원), 학문/교육(월평균매출 2,392만 원), 관광/여가/오락(월평균매출 2,363만 원) 순이다.

역 주변으로 신도초등학교, 신도중학교, 신도고등학교, 은진초등학교, 진관중등학교, 진관고등학교, 은평메디텍고등학교 등이 자리 잡아 도보로 등·하교가 가능하다. 편의시설로는 구파발역 복합환승센터, 은평구민체육센터, 은평소방서, 은평우체국, 진관근린공원 등이 자리 잡고 있다.

그동안 구파발역 주변은 물론 은평구에 종합병원 시설이 없어 병원을 이용하기 위해서는 서울의 중심부와 고양시까지 이동해야 하는 불편함이 있었으나 2019년 4월 가톨릭대학교 은평성모병원이 개원하며 은평뉴타운의 편의시설 인프라를 완성했다.

서울의 대표 베드타운 구파발

2004년부터 시작된 은평뉴타운은 진관동~구파발동 일대에 형성된 베드타운이다. 현재 공사가 진행 중인 신규 단지를 포함하면 2만 5,000여 세대를 잠재적 배후수요로 꼽을 수 있다.

지하철 3호선을 통해 서울의 중심부 종로는 물론 강남까지의 접근성도 양호하다. 구파발역 하루 승하차 이용객만 4만 1,000여 명에 달한다. 구파발역과 한 정거장 거리에는 지하철 3호선과 6호선이 교차하는 환승역인 연신내역이 위치해 있다.

연신내는 지하철뿐 아니라 은평구 북부와 고양시 북부, 파주 지역 대부분의 교통거점 역할을 하고 있으며 송추, 의정부, 노원, 도봉, 등 경기 지역과 서울 동북부 지역과도 환승 없이 버스를 통해 이동이 가능하다. 그 밖에도 종로구, 영등포구, 서초구, 강남구, 구로구 등 서울 주요 지역으로의 이동이 편리하다.

다만 고양시와 서울역을 연결하는 통일로는 출근시간에는 중심부로,

퇴근시간에는 외곽으로 이동하는 방향으로 극심한 교통체증을 겪고 있어 시민들의 불편과 원성이 자자하다. 하지만 연신내역이 수도권 광역철도인 GTX-A노선 정거장으로 확정돼 서울 중심은 물론 강남으로의 이동까지 수월해질 전망이다. GTX-A노선 개통 시점(2023년)에 대중교통 이용객의 증가로 인한 교통체증이 다소 해소될 것으로 보인다. 통일로의 대부분이 2~3차로 도로인 것을 볼 때 정비사업 등을 통해 차선을 연장하는 것도 하나의 방법으로 보인다.

은평뉴타운은 쇼핑몰과 대형마트, 영화관 등이 잇따라 들어오면서 주거지로서의 인프라가 확보되었다. 또한 GTX-A노선 등 교통망까지 상권에 힘을 실어주고 있다. 하지만 서울 서북부의 핵심 상권 기능을 하고 있

는 연신내역이 한 정거장 앞에 있어 회식 등 관련 소비의 기능은 제한적일 것으로 보인다.

한편 구파발역 1번 출구 앞은 주말이면 등산객들로 인산인해를 이룬다. 지하철을 이용해 구파발역에서 704번, 34번 버스로 환승해 북한산성으로 이동한다. 등산 후 동일한 버스를 타고 구파발역에서 하차한 후 인근 식당가에서 식사를 하는 등산동호회 사람들의 모습을 볼 수 있다.

소상공인시장진흥공단의 2019년 인구분석 자료를 살펴보면 60대 유동인구가 22.5%로 연령별 비율 중 가장 높고 그 뒤를 이어 40대 20.5%, 50대 18.3%, 30대 16.8%, 20대 14.4%의 비율이다. 요일별 유동인구를 살펴보면 토요일에 15.3%로 유동인구가 가장 많으며 나머지 요일도 비슷한 모습이나 일요일에는 12.1%까지 떨어지는 것으로 나타났다.

은평뉴타운 지역은 거주자를 배후수요로 한 생활밀착형 상권으로 확장될 것으로 보인다. 주민들의 편의를 책임질 편의시설 증가와 주말 가족단위 고객들에게 맞는 업종들이 우세할 것으로 보인다.

은평뉴타운은 상권이 형성되기 시작해 차츰 확장하는 추세에 있는 것으로 판단된다. 구파발역 인근 상가건물 대부분에 점포들이 입점하였고 신규로 공급되는 아파트가 건축 중이다. 앞으로 공사가 진행 중인 아파트 단지들의 공사가 완료되고 입주가 완료되면 상권 내의 소비 수요가 증가할 것으로 보인다. 다만 역 주변에 상가들이 몰려 있는 것을 볼 때 입점하려는 상가의 사업성과 업종 분석을 철저하게 하여야 리스크를 줄일 수 있다.

구파발역 4번 출구 인근 365공인중개사사무소 양수연 소장은 "상업지

편의시설이 이제 4년차에 접어들고 있는데 아직은 상권 활성화가 덜 되어 있지만 주변에 공원과 문화시설 등의 개발로 활성화가 예상된다."며 "은평성모병원이 개원하며 인구 유입이 늘어나고 있고 구파발은 역을 중심으로 상권이 몰려 있는 특징을 보인다."고 말했다. 덧붙여 "상가점포 임대료는 전용면적 기준 3.3m²당 15~22만 원 선인데 인근 지축과 삼송에 아파트가 추가로 들어오고 구파발역 주변으로 호텔과 오피스도 들어올 가능성이 높아 앞으로 상권이 확장될 것으로 보인다."고 전했다.

구파발역 상권 상가 평균 시세 & 승하차인구 현황(가격 단위 : 만 원)

구분	A급 점포 (1·4번 출구 인근 1층)		A급 점포 (2·3번 출구 인근 1층)	
	전용면적(㎡)	45	전용면적(㎡)	45
보증금	4,000~5,000		4,000~5,000	
월세	300~350		350~380	
권리금	상업지 상권 형성중		상업지 상권 형성 중	
공시지가(3.3㎡)	1,500~1,600(진관3로)		2,200~2,400(진관2로)	
예상 토지매매가(3.3㎡)	3,000~3,200		4,400~4,800	
구파발역 1일 승하차 이용자 수 평균 : 약 4만 1,000명(출처 : 서울교통공사)				

※ 현지 중개업소를 방문 조사한 것으로 점포 입지에 따라 약간의 시세차가 있을 수 있습니다.

오랜 역사와 전통의 상징

독립문역 상권

역사와 전통을 지닌 영천시장

대단지 배후수요 확보한 상권

지하철 이용객 적고, 버스 이용객 많음

노후된 연립 주택·다세대 주택 밀집지역

신규 단지 내 상가, 아직은 공실률 높음

서대문구 재개발·재건축 사업 진행 중

풍부한 녹지지역, 안산자락길 등산객 많음

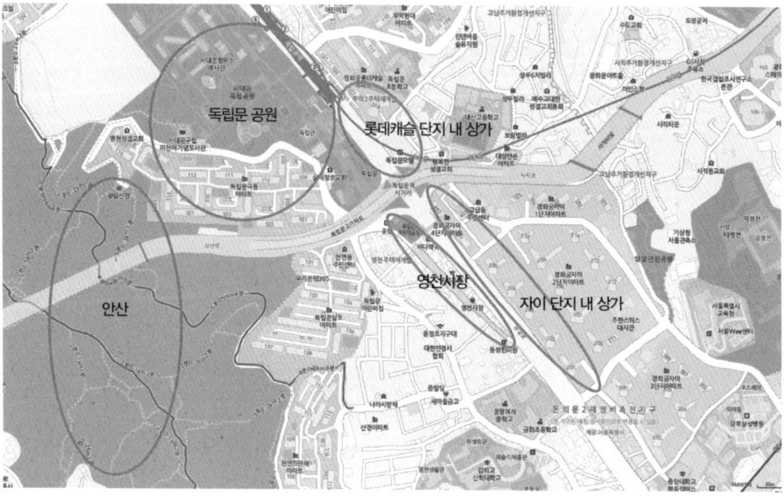

독립문역 상권 상가 평균 시세 & 승하차 인구

A급 점포(3번 출구 인근 1층)
A급 점포(영천시장 인근 1층)

전용면적 3.3㎡ 기준 / 단위 : 만 원

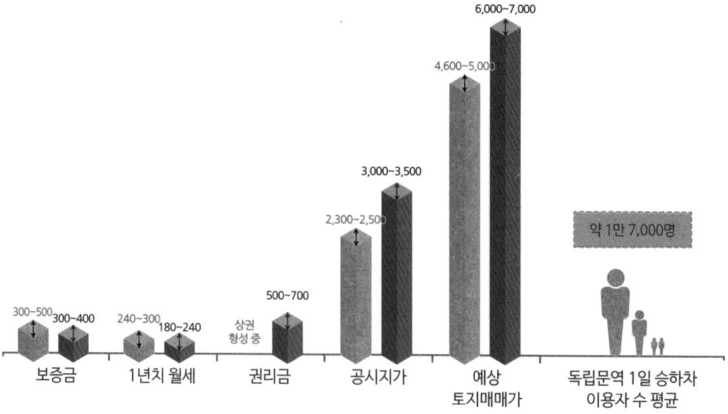

자료제공 : 상가의신

※ 현지 중개사무소를 방문 조사한 것으로 점포 입지에 따라 약간의 시세차가 있을 수 있습니다.
출처 : 국토교통부, 서울교통공사

지하철 3호선 독립문역은 하루 승하차 인원 1만 7,000여 명이 이용하는 역이다. 독립문역을 기준으로 남쪽에는 서대문역, 동쪽에는 경복궁역, 북쪽에는 무악재역이 자리 잡고 있다. 독립문역사거리를 기준으로 경희궁자이, 독립문삼호, 독립문극동, 천연뜨란채, 무악현대, 인왕산아이파크, 경희궁롯데캐슬 등 약 8,000여 세대가 밀집해 있는 지역이다.

독립문역 상권은 대단지를 끼고 있지만 지하철을 이용하는 승객보다 버스를 이용하는 승객이 많다. 독립문역 지하철을 이용하려면 천연동·옥천동·교남동·냉천동 주민들은 횡단보도를 건너 200m 이상 이동해야 하는 불편함이 있다. 다양한 버스노선의 운행으로 서울 도심 내 이동이 용이해 대부분의 주민이 버스나 자가용을 이용한다. 서울시 교통정보시스템 자료에 따르면 독립문역 인근 버스정류장의 1일 승하차 이용객은 2만여 명 정도로 조사되었다.

독립문역에는 역사적으로 의미 있는 '독립문'이 자리 잡고 있다. 서재필의 주도하에 건립된 독립문이 위치한 독립문공원 내에는 서대문형무소역사관, 서재필 동상 등이 있어 관광객의 발길이 이어지고 있다. 저녁 시간에는 인근 거주민들이 산책하는 공원으로의 역할을 한다.

전통시장 & 대단지 배후수요 확보

독립문역과 서대문역 중간에 위치한 영천시장은 1960년대 초반 영업을 시작해 현재 서울의 대표 시장으로 손꼽힐 정도로 전통시장으로서의 역할을 착실히 해내고 있다. 영천시장은 2011년 리모델링을 진행해 깔끔해진 모습으로 지역주민들의 발길을 불러 모으고 있다.

독립문역 4번 출구로 나와 독립문역사거리를 건너면 영천시장 간판이 눈에 들어온다. 오랜 역사를 대변하듯 35년 전통 꽈배기집, 45년 전통 떡볶이집 등이 자리 잡고 성업 중이다. 특히 꽈배기집의 경우 방송 출연을 통해 한층 더 유명해져 오후 3~4시면 영업을 종료할 정도이다. 40년 전통 떡볶이집은 백종원의 3대 천왕에 출연하며 한시적으로 인기몰이를 하는가 싶었으나 현재는 서비스의 문제로 고객들의 발길이 줄었다.

영천시장은 평일, 주말 할 것 없이 고객들의 발길이 끊이지 않는다. 특히 전통시장 특유의 저렴한 가격과 푸근한 인심으로 저녁시간이면 중장년층이 삼삼오오 모여 전과 막걸리, 족발에 소주 등을 먹고 마시며 하루를 마무리하는 모습을 볼 수 있다.

소상공인시장진흥공단의 2019년 인구분석 자료를 살펴보면 60대 유동인구가 23.2%로 연령별 비율 중 가장 높고 그 뒤를 이어 40대 19.7%, 50대 19.4%, 30대 16.7%, 20대 14%의 비율이다. 요일별 유동인구를 살펴보면 금요일에 16%로 유동인구가 가장 많으며 나머지 요일도 비슷한 모습이나 일요일에는 10.5%까지 떨어지는 것으로 나타났다.

영천시장 맞은편에 있는 경희궁자이를 시작으로 독립문삼호, 독립문극동, 천연뜨란채, 무악현대, 인왕산아이파크, 경희궁롯데캐슬 등이 자리 잡고 있으며 인근에 연립 주택, 다세대 주택 등이 위치해 있어 2만여 세대가 배후에 있다고 볼 수 있을 정도로 주거 밀집지역이다.

여기에 도심 내 풍부한 녹지지역을 품고 있다. 서대문독립공원, 안산, 독립문어린이공원, 경희궁, 사직공원, 무악공원 등이 자리 잡고 있어 도심 내 녹지인프라가 뛰어나다. 세란병원, 서울적십자병원, 강북삼성병원 등 유명 병원들이 위치해 있기도 하다.

서대문독립공원은 주말이면 '안산자락길'을 이용하려는 등산객 등으로 발길이 끊이지 않는다. 특히 따뜻한 봄과 가을에 등산객이 많이 이용하는 것으로 보인다. 등산을 끝낸 등산객들이 주변 식당으로 이동해 식사 및 간단한 반주를 하는 풍경 또한 이곳의 특색이다.

여기에 미동초등학교, 경기초등학교, 금화초등학교, 독립문초등학교, 인창중학교, 인창고등학교, 동명여자중학교, 대신중학교, 대신고등학교

등 도보권에 다양한 학교가 자리 잡고 있으며 30~50대 주거 인구가 많은 지역이다.

통일로 따라 재개발 및 재건축 사업 진행 중

독립문역을 기준으로 서대문역까지 대로변을 따라 형성된 점포들이 스트리트 형태로 자리 잡고 있다. 영천시장 라인을 살펴보면 은행, 병의원, 카페, 의류 매장, 호프집 등이 자리 잡고 있으며 생활편의 업종이 강

세를 보인다. 노후로 외관은 낡고 허름한 건물이 많지만 리모델링을 통해 정비가 된 건물들도 눈에 들어온다.

경희궁자이아파트 단지 내 상가는 깔끔하게 정비된 대로변에 노출되어 있으며 미용실, 병원, 휴대폰 매장, H&B 매장, 카페 등이 자리 잡고 있다. 단지 내 상가의 경우 2,415세대를 고정 배후수요로 확보하여 다양한 업종이 영업 중이지만 비싼 월세로 인해 공실인 상가들도 보인다.

서대문역 인근에 농협중앙회, 문화일보, 강북삼성병원, 적십자병원 등이 위치하여 주변 식당가는 점심시간에 발 디딜 틈 없이 북적거리는 것이 특징이다. 다만 주말의 경우 오피스 상주인구의 부재로 상권 전체가 조용하며 일요일에는 문을 열지 않은 음식점이 더 많다.

소상공인시장진흥공단의 2018년 하반기 매출통계 자료를 살펴보면 소매(월평균매출 7,897만 원), 음식(월평균매출 4,376만 원), 학문/교육(월평균매출 3,160만 원), 숙박(월평균매출 3,075만 원), 스포츠(월평균매출 2,778만 원) 순이다.

독립문역과 두 정거장 거리인 홍제동 일대는 재건축 및 재개발이 활발하게 진행되고 있다. 무악재역에 인접한 홍제1구역 재건축지역은 총 819세대 규모이며, 홍제2구역 재개발지는 906세대 규모로 입주가 진행 중이다. 홍제3구역 재개발지역은 1,116세대 규모로 일반분양을 마감했다.

홍제동 일대는 20~30년가량 노후된 주택 및 건물들로 미관상 지저분한 느낌이 들 수 있다. 현재 재개발과 재건축사업이 활발하게 진행되고 있어 기존의 낙후된 이미지는 점차 정비될 것으로 보이며 독립문과도 인접하여 양측 상권의 시너지 효과가 발생할 것으로 보인다.

독립문역 상권 월 평균매출 TOP 5 업종

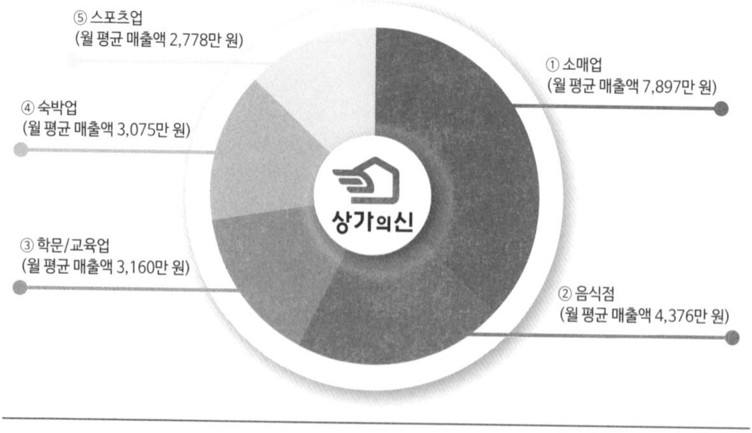

출처 : 소상공인진흥공단, 독립문역 상권 2018년 하반기 기준 매출통계자료 (조사일 : 2019.12.13)

홍제동은 정비사업 외에도 개발호재가 많다. 서울시가 발표한 '2030 서울시 생활권계획'에 따르면 홍제동에 의료와 산업·문화가 복합된 의료클러스터가 조성될 예정이다. 서대문구는 홍제역과 인왕시장길을 잇는 지하공간에 '언더그라운드 시티'를 조성해 상업시설과 문화복합시설을 건설하겠다는 계획도 발표했다. 개발사업들이 완공되기까지는 다소 긴 시간이 소요되겠지만 홍제역~독립문역 구간의 개발사업으로 서대문구가 정비될 것으로 보인다.

독립문역 상권에서 창업을 준비 중이라면 상권 분석을 철저하게 해야 리스크를 줄일 수 있다. 독립문역 주변으로 대단지 아파트가 위치해 있어 이동경로에 위치한 단지 내 상가에 창업을 하는 것이 가장 안전할 것으로 보인다. 다만 신규 단지 내 상가의 경우 상가의 보증금 및 임대료가 높게 형성되어 있어 신규 창업자에게는 부담이 될 수 있고, 신규 단지 내 상가는 활성화되는 데 시간이 걸리기 때문에 입주 시기, 입점한 점포 업종 등을 분석해 창업을 해야만 피해를 줄일 수 있다.

영천시장 인근 지역 전문 토박이로 20년간 공인중개사사무소를 운영해온 박정선 대표는 "공원이 있어 평일보다는 주말에 관광객들이 많이 찾아오지만 지금은 경기가 죽은 상황인 것 같다."며 "서민경기를 살릴 수 있는 대책들이 시급하게 나왔으면 좋겠다."고 말했다.

독립문역 상권 상가 평균 시세 & 승하차인구 현황(가격 단위 : 만 원)

구분	A급 점포 (3번 출구 인근 1층)		A급 점포 (영천시장 인근 1층)	
	전용면적(㎡)	33	전용면적(㎡)	33
보증금	3,000~5,000		3,000~4,000	
월세	200~250		150~200	
권리금	없음. 경희궁 롯데캐슬		5,000~7,000	
공시지가(3.3㎡)	2,300~2,500(통일로)		3,000~3,500(통일로)	
예상 토지매매가(3.3㎡)	4,600~5,000		6,000~7,000	
독립문역 1일 승하차 이용자 수 평균 : 약 1만 7,000명(출처 : 서울교통공사)				

※ 현지 중개업소를 방문 조사한 것으로 점포 입지에 따라 약간의 시세차가 있을 수 있습니다.

국내·해외 관광객으로 북적이는

동대문역사문화공원역 상권

쇼핑몰 위주 소매상권과 새벽시장 도매상권 형성

단순 쇼핑 목적의 흘러가는 유동인구 유의

관광특구, 관광객 줄어 도심슬럼화 현상 진행 중

급변하는 의류시장 온라인화 가속화로 옛 명성 잃음

상권과 찰떡궁합 아이템, 중·저가 상품 판매 높음

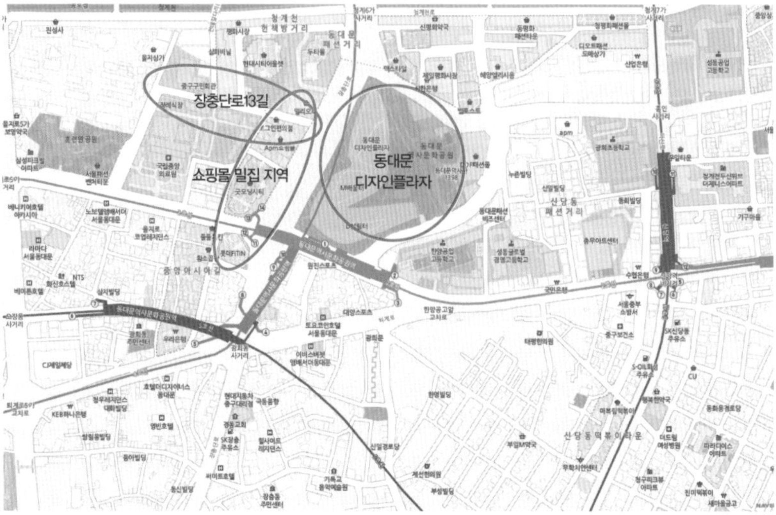

동대문역사문화공원역 상권 상가 평균 시세 & 승하차 인구

A급 점포(13·14번 출구 인근 1층)

B급 점포(13·14번 출구 인근 1층)

전용면적 3.3㎡ 기준 / 단위 : 만 원

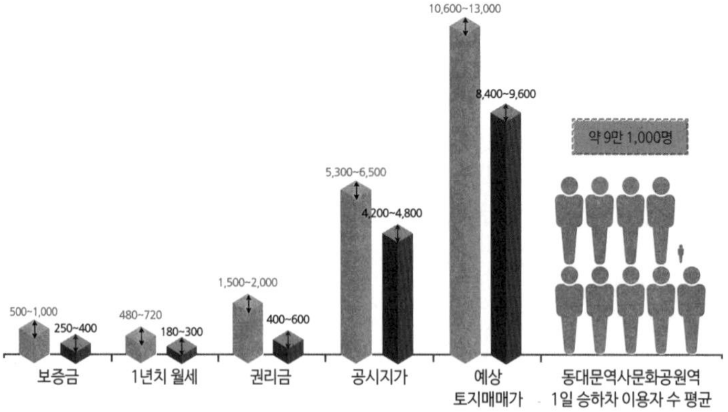

자료제공 : 상가의신

※ 현지 중개사무소를 방문 조사한 것으로 점포 입지에 따라 약간의 시세차가 있을 수 있습니다.

출처 : 국토교통부, 서울교통공사

동대문 상권은 청계천과 동대문역사문화공원을 중심으로 발달한 우리나라의 대표적인 상권 중 한 곳이다. 특히 이 지역은 남대문 상권과 함께 대한민국을 넘어 해외 관광객에게도 각광받는 대표적인 의류 상권이기도 하다.

지역 내에 자리 잡고 있는 동대문시장은 1905년에 국내 최초의 근대시장으로 개장했다. 한국전쟁 이후 근처에 평화시장 등이 생기면서 상권이 더욱 확장돼 남대문시장과 함께 서울의 양대 시장으로 발전하기 시작했다. 본격적으로 발달된 것은 1990년대 동대문쇼핑타운이 형성되면서부터다.

장충단로를 따라 밀리오레, 두타몰, apm플레이스, 굿모닝시티 등 다수의 패션쇼핑센터가 들어서면서 동대문쇼핑타운, 동대문패션타운이라는 명칭이 붙었다. 그 전까지만 해도 의류도매 상권으로 국한돼 전국의 의류상인들만 넘쳤으나 이후로 젊은 소비층은 물론 다양한 국적의 관광객들까지 유입되기 시작했다.

2014년 동대문역사문화공원 내에 개관한 동대문디자인플라자(DDP)는 다양한 문화행사가 진행돼 방문객으로 붐비고 있고 독특한 건물 외관 덕분에 많은 사람이 동대문에 방문하면 구경하는 동대문의 마스코트 역할을 하고 있다.

하지만 현재 동대문 저가 의류상가 역시 타 쇼핑 상권과 마찬가지로 설 자리를 잃고 있는 상황이다. 2010년대에 들어서며 인터넷 쇼핑몰이 더욱 발달하고 해외 SPA 브랜드가 부상하며 그 위세가 줄어들게 됐다. 당연히 소비자들은 인파에 방해받지 않으면서 편하고 싸게 옷을 고를 수 있는 곳을 찾아가기 마련이다. 또한 동대문의 일부 악덕 상인들이 바가지를 씌우거나 무례한 언행을 하는 등의 행위가 언론에 폭로되며 좋지 않은 이미지를 가지게 된 일도 있었다.

고층 쇼핑몰과 골목골목 자리 잡은 로드숍 점포 상권

동대문 상권을 생각하면 고층의 쇼핑몰, 동대문역사문화공원과 청계천을 끼고 있는 대규모 도·소매 의류상권이 연상된다. 동대문역사문화공원역은 트리플 역세권으로 지칭되는 2, 4, 5호선 환승역으로 강남, 강북을 넘나드는 버스노선 등이 있어 유동인구와 접근성 측면에서 매우 큰 강점을 가지고 있다. 동대문역사문화공원역 13, 14번 출구 쪽으로 쇼핑센터와 함께 로드숍 점포들이 골목골목 자리 잡고 있으며 밤낮을 가리지 않고 활성화돼 있다. 12번 출구 뒤쪽으로도 먹자골목이 형성돼 있다.

14번 출구는 동대문 상권의 메인 상권으로 유동인구가 가장 많은 곳이다. 다만 대부분 쇼핑을 하러 오는 고객들의 동선이 몰리기 때문에 유동인구가 머물지 않고 흘러가버리는 상권에 속한다. 도로 자체도 협소해 물건을 사고파는 데 불편한 편이라 창업 시 주의해야 한다. 비교적 쉽게 거래할 수 있는 액세서리, 음료, 분식 등을 파는 노점과 화장품, 잡화 등을 파는 1층 점포들이 위치해 있는 편이다.

골목골목에 점포들이 자리 잡고 있는데 쇼핑몰 유동인구와 시장 상인

들을 주요 고객층으로 설정하고 있기 때문이다. 음식점, 한식집, 노래방, 고깃집, 화장품 매장, 신발전문 매장 등의 업종이 주를 이룬다.

골목에 위치한 점포들은 쇼핑몰 내부와 정문 쪽 지역에 고객들이 붐비는 것과 비교하면 자칫 한산해 보일 수 있지만 상권 내 노점을 제외하고는 전체적으로 음식을 취급하는 곳이 많지 않아 알짜 고객을 확보할 수 있는 점포이다.

소상공인시장진흥공단의 2018년 하반기 매출통계 자료를 살펴보면 음식(월평균매출 5,919만 원), 소매(월평균매출 3,347만 원), 관광/여가/오락(월평균매출 2,907만 원), 숙박(월평균매출 1,810만 원), 학문/문학(월평균매출 1,010만 원) 순이다.

동대문역사문화공원역 상권 월 평균매출 TOP 5 업종

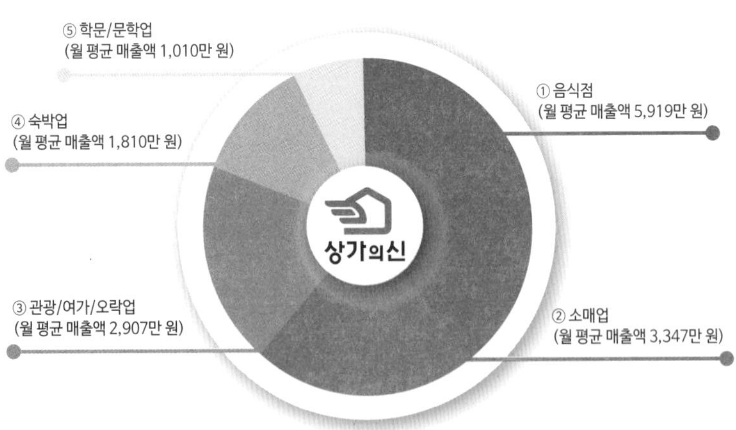

출처 : 소상공인진흥공단, 동대문역사문화공원역 상권 2018년 하반기 기준 매출통계자료 (조사일 : 2019.12.13)

상권 특성에 잘 맞는 아이템 선정 필요

동대문 상권은 유동인구가 많기도 하지만 연령과 구성 측면에서 다양한 특징을 보이고 있다. 10~20대의 젊은층부터 30~40대 직장인과 전국의 도·소매상인 그리고 외국인 관광객들로 항상 북적거린다. 동대문 상권은 아마 서울에서 면적 대비 가장 많은 외국인이 방문하는 지역 중 하나일 것이다.

그만큼 동대문 상권에서는 쉽게 외국인을 찾아볼 수 있다. 최근에는 일본인, 중국인뿐만 아니라 동남아시아 및 서양 국적 관광객도 늘어나는 추세이다. 서울시에서도 외국인 유치에 많은 노력을 기울이고 있어 외국인을 대상으로 하는 아이템은 앞으로도 발전 가능성이 있으므로 창업 전략을 짤 때 이 부분을 충분히 고려해야 한다.

외국인 관광객은 의사소통도 힘들고 성향도 내국인과 많이 달라 상대하기가 까다롭다. 따라서 매장 앞면에 상품 사진과 이름을 외국어로 표기하고 간단한 외국어 회화를 배우는 등 노력을 기울여야 한다. 단편적으로 보이는 부분이 외국인 관광객 유치에 많은 영향을 끼치므로 성공을 위해서는 외국인의 눈길을 사로잡는 업종을 선택하는 것이 중요하다.

동대문 상권을 찾는 고객의 대부분은 의류 쇼핑의 목적을 지닌다. 따라서 유동인구가 대부분의 시간을 쇼핑하는 데 할애한다는 특징을 보인다. 그러다 보니 이 지역에서는 창업자들이 가장 선호하는 아이템 중 하나인 프랜차이즈 커피전문점을 찾기 힘들다.

커피전문점을 이용하는 고객들은 대부분 혼자 조용히 커피를 마시거나 친구나 연인과 대화를 나누러 방문하는 경우가 많다. 따라서 동대문 상권의 특징과는 맞지 않는 업종이 될 수 있으므로 커피전문점을 창업할 계획이라면 다시 한 번 생각해보는 것이 낫다. 창업할 때 무엇보다 중요한 것은 상권과 아이템의 궁합을 맞춰보는 것이다.

소상공인시장진흥공단의 2019년 인구분석 자료를 살펴보면 60대 유동인구가 21.1%로 연령별 비율 중 가장 높고 그 뒤를 이어 40대 20.7%, 50대 19.6%, 30대 17.8%, 20대 14.9%의 비율이다. 요일별 유동인구를 살펴보면 목요일에 17.4%로 유동인구가 가장 많으며 나머지 요일도 비슷한 모습이나 일요일에는 11.1%까지 떨어지는 것으로 나타났다.

상인들은 한목소리로 “예전 같지 않은 불경기에 인터넷 온라인 판매 여파로 소매업 판매가 줄어 동대문이 옛 명성을 잃어가고 있는 중이다. 관광특구 지정에도 최근 관광객이 크게 줄어 울상인 데다 상권 전체가 도심슬럼화 현상을 보이고 있다.”고 말했다.

동대문 상권 주변 상황을 오랜 기간 지켜본 ‘솔하임 맥 공인중개사사무소’ 최신기 대표는 “최근 동대문은 급변하는 의류시장의 변화로 오프라인 매장들이 과거에 비해 다소 침체를 겪고 있는 것으로 보인다.”며 “하루 24시간 돌아가는 운영의 장점을 살려 새로운 전환점으로 글로벌 시대에 맞는 의류 관련 4차 산업들이 들어오고, 건물 외부상권으로는 집객력 높은 특색 있는 유명 셰프들의 음식점들이 들어온다면 상권이 살아나는 데 도움이 될 것으로 본다.”고 전했다.

동대문역사문화공원역 상권 상가 평균 시세 & 승하차인구 현황(가격 단위 : 만 원)

구분	A급 점포 (13·14번 출구 1층)		B급 점포 (13·14번 출구 1층)	
	전용면적(㎡)	66	전용면적(㎡)	66
보증금	10,000~20,000		5,000~8,000	
월세	800~1,200		300~500	
권리금	30,000~40,000		8,000~12,000	
공시지가(3.3㎡)	5,300~6,500(장충단로13길)		4,200~4,800(을지로43길)	
예상 토지매매가(3.3㎡)	10,600~13,000		8,400~9,600	
동대문역사문화공원역 1일 승하차 이용자 수 평균 : 약 9만 1,000명(출처 : 서울교통공사)				

※ 현지 중개업소를 방문 조사한 것으로 점포 입지에 따라 약간의 시세차가 있을 수 있습니다.

과거와 현재가 조화를 이루는

을지로3가역 상권

과거와 조화 이룬 특색 있는 구 도심상권

저렴한 임대료 수준, 청년 창업지로 관심

SNS 활용도 높은 젊은층의 핫플레이스로 급부상

20~60대까지 다양한 연령층의 집객 효과

엘리베이터 없고 노후 건물 많아 업종제한 주의

을지로3가역 상권 상가 평균 시세 & 승하차 인구

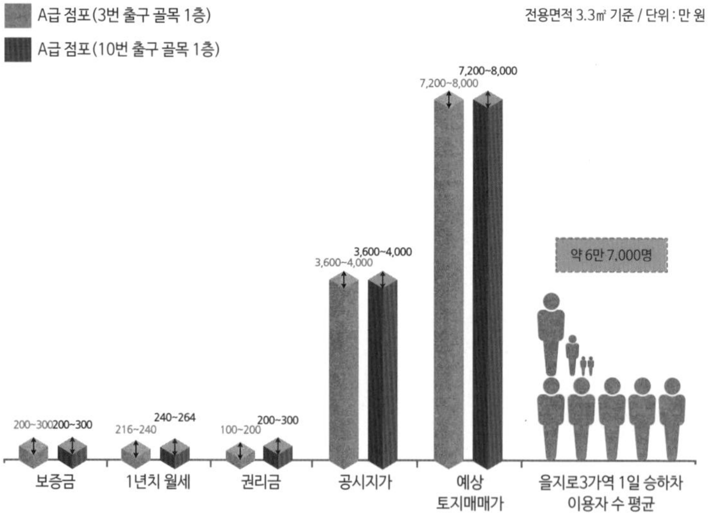

자료제공 : 상가의신

※ 현지 중개사무소를 방문 조사한 것으로 점포 입지에 따라 약간의 시세차가 있을 수 있습니다.
출처 : 국토교통부, 서울교통공사

과거와 현재가 공존하는 을지로3가역 골목은 과거의 낡은 건물이 그대로 남아 마치 7080 시대에 들어온 것처럼 독특한 분위기를 느낄 수 있는 곳이다. 오래된 건물과 낡은 간판들이 즐비한 인쇄소와 공업사가 주를 이루던 곳이 젊은 감성으로 변화가 진행 중이다.

을지로3가 상권은 2~3년 전부터 젊은 청년들이 하나둘 매장을 오픈하면서 조용하게 뜨기 시작했다. 이 지역이 SNS를 통해 독특하고 감성 있는 곳으로 알려지며, 간판 없이 숨어 있는 곳까지 입소문을 타고 방문객이 증가하고 있다.

최근에 가장 핫한 상권 중 하나로 평가할 수 있는 이곳은 가로수길, 경리단길처럼 프랜차이즈 매장이 점령한 곳이 아닌, 분위기 있는 인테리어나 메뉴로 그 매장만의 독특한 콘셉트로 인기를 끌고 있다.

을지로3가의 젊은 창업자들은 창업 시장의 새로운 트렌드를 선도하고 있다고도 볼 수 있다. 이들은 SNS를 기반으로 홍보 및 고객과의 소통을 활발히 하고 있으며, 이런 모습이 을지로3가 상권에 빠르게 반영돼 칙칙하고 낡은 건물이지만 상권에 활기를 더하고 있다.

과거와 현재가 공존하는 이색 상권

과거 낡은 건물에 인쇄소와 공업사, 타일, 건축자재, 오래된 추억의 대포집 등이 자리 잡았던 을지로3가는 2~3년 전부터 젊은 청년들이 하나둘씩 매장을 오픈하면서 바뀌기 시작했다. 낡고 오래된 건물 안에 숍인숍·전시장 등 복합공간이 하나둘 늘어나며 상권의 변화를 가져왔다.

골목길을 걷다 보면 과거로 돌아간 느낌과 동시에 다소 지저분해 보이는 느낌을 받을 수 있다. 낡은 건물들의 벽에는 금이 간 모습도 쉽게 볼 수 있다. 이런 곳에 최근에 보기 힘든 빈티지 소품과 레트로한 인테리어를 활용해 예스러운 감성을 자극하는 곳이 하나둘씩 생겨나고 있다. 특히 아티스트와 디자이너들은 자신의 작업공간 겸 생업을 영위하는 공간이자 개성 넘치는 분위기로 젊은층의 감성을 자극하고 있다.

이곳에 자리 잡은 아티스트와 디자이너들은 목재, 철판, 아크릴, LED 등 작업에 필요한 재료를 구입하기 위해서 드나들다가 저렴한 임대료와 편리한 교통여건에 매력을 느껴 매장을 열고 눌러앉은 것으로 보인다.

을지로3가보다 을지로4가에 가까운 세운청계상가~삼풍상가는 음향장비, 카메라, LED조명을 팔던 곳으로 젊은 창업자들이 하나둘씩 개성 있는 인테리어로 식당, 카페 등을 오픈하면서 눈길을 끌고 있다.

이곳에서 수년간 자리 잡고 있는 상인들과 부동산 관계자는 "엘리베이터도 없고 50~60년 이상 된 노후 건물과 가게가 많아 업종제한도 많다."라면서 "창업을 생각하고 이곳 상권으로 들어온다면 주의해야 한다."고 조언했다.

소상공인시장진흥공단의 2018년 하반기 매출통계 자료를 살펴보면 생활서비스(월평균매출 8,035만 원), 음식(월평균매출 5,215만 원), 숙박(월평균매출 3,175만 원), 소매(월평균매출 2,854만 원), 관광/여가/오락(월평균매출 2,068만 원) 순이다.

을지로3가역 상권 월 평균매출 TOP 5 업종

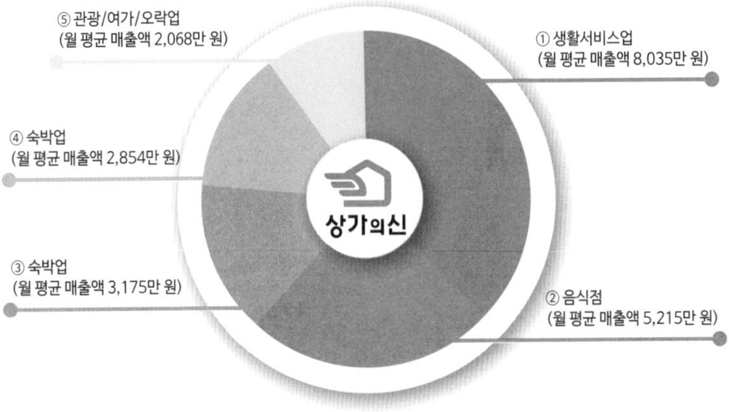

출처 : 소상공인진흥공단, 을지로3가역 상권 2018년 하반기 기준 매출통계자료 (조사일 : 2019.12.13)

SNS 효과로 젊은층에게 인기

현재 20~30대 연령층 대부분은 페이스북, 인스타그램 등을 통해 정보를 공유한다. 자신이 무엇을 하는지, 무엇을 먹는지 일거수일투족을 업로드해 공유가 가능하다는 장점이 있다. 이를 통해 을지로3가역 남쪽 골목은 활기를 띄는 모습이다. 젊은 감성과 예스러운 레트로풍 인테리어, 독특한 메뉴 등이 20~30대에게 폭발적인 인기를 끌고 있다. 인스타그램에서 #을지로의 게시물은 12만 9,000여 개, #을지로맛집은 4만 1,000개, #을지로3가는 3만 4,000여 개 등 젊은층에서 인기를 얻고 있다.

인쇄소골목의 낡은 건물에 위치한 매장들 내부로 들어가면 외부와 180도 다른 신비롭고 이색적인 느낌을 받을 수 있다. 특히 분카샤는 인쇄소골목 어디에서나 볼 수 있는 인쇄소의 낡은 간판들이 걸린 낡은 빌딩에 위치해 있다. 분카샤는 후르츠산도가 맛있는 일본풍 카페로 인기를 얻으며 SNS에서 8,000여 개의 게시물이 올라와 있을 정도이다.

호텔수선화, 잔, 커피한약방, 신도, 십분의 일 등도 SNS에서 인기를 얻으며 고객들의 발길이 끊이지 않는다. 칙칙하고 낡은 건물들이 위치한 풍경 자체도 경쟁력 중 하나로 보이는데 바로 옆 지하철역 주변에 대형 빌딩 등이 있는 것과 차별화된다.

인쇄소골목에서는 가게들이 간판 없이 운영하고 있기 때문에 고객들이 휴대폰을 보고 위치를 찾으며 돌아다니는 이색적인 모습도 자주 볼 수 있다. 최근 유명세를 탄 을지로3가에서는 간판 없는 가게들 앞에 고객들이 긴 줄을 서며 항상 웨이팅 중인 모습을 볼 수 있다.

특히 을지로 노가리호프골목은 상인들이 번영회를 조직하여 상권 활성화와 질서 있는 옥외영업을 하겠다는 상인 간 자율협약을 체결하며 구청을 설득, 구청의 옥외영업을 허가받았다. 옥외영업을 허가한 구간은 을지로11길, 을지로13길, 충무로9길, 충무로11길 일대 이면 도로이다.

영업 허가 이후 이 지역의 호프집에는 손님들의 발길이 끊이지 않는다. 을지로3가역 청계천 방면 북쪽 이면 도로에 위치한 노가리호프골목은 낮과 밤의 분위기가 180도로 바뀐다. 낮 동안 화물트럭만 오가던 거리에는 오후 6시가 지나면 수백 개의 간이 테이블이 펼쳐진다. 20대는 물론 60대의 다양한 연령층이 노가리골목에 빽빽하게 둘러 앉아 맥주와

노가리를 먹는 진풍경을 볼 수 있다.

소상공인시장진흥공단의 2019년 인구분석 자료를 살펴보면 20대 유동인구가 20.9%로 연령별 비율 중 가장 높고 그 뒤를 이어 30대 19.3%, 40대 19.3%, 60대 19.1%, 50대 16.4%의 비율이다. 요일별 유동인구를 살펴보면 금요일에 16.9%로 유동인구가 가장 많으며 나머지 요일도 비슷한 모습이나 일요일에는 8.2%까지 떨어지는 것으로 나타났다.

임대료, 권리금 저렴한 상권 등 개발 후 활력 기대

을지로3가 상권의 가장 큰 이점은 바로 저렴한 임대료와 권리금으로, 청년 사업가들이 을지로3가에 터를 잡는 데 중요한 역할을 하고 있다. 현재 3.3㎡ 1층 기준 평균 임대료는 10만 원 수준이며, 권리금은 입지에 따라 1,000~3,000만 원 수준으로 거래되고 있다. 특히 기존 1층의 경우 공실이 없어 대부분의 창업자는 2층 이상에 창업하여 1층보다 저렴한 비용으로 부담이 적다는 장점이 있다.

주목할 만한 점은 을지로는 도시재생사업이 진행되어 앞으로의 발전이 기대되는 지역이라는 것이다. 서울시는 2018년 3월 '다시세운 프로젝트 2단계 사업' 착수를 선포했다. 2단계 사업은 창작인쇄산업 활성화, 서울의 남북 보행 네트워크(종묘·세운상가·퇴계로·남산) 완성 2가지를 축으로 추진된다.

창작인쇄산업의 핵심 거점 역할을 할 '인쇄 스마트 앵커'는 기술연구·교육공간·전시·판매시설, 청년주거공간까지 집약된 복합시설로 조성될 예정이다. 창업과 주거가 결합된 청년사회주택도 2020년까지 400호 규모로 공급될 예정이며 상권 활성화에도 기여할 것으로 보인다.

인쇄산업 활성화와 더불어 세운상가 인접 7개 건물 전체를 연결하는 보행교·보행데크가 동시에 건설되고 있다. 세운상가와 청계상가 구간에 보행교를 설치한 서울시는 대림상가~삼풍상가, 호텔PJ~인현상가를 잇는 보행교를 2곳 더 설치할 계획이다. 이렇게 되면 종묘에서 시작해 세운상가를 거쳐 남산까지 이어지는 남북 보행축이 생겨 상권이 더욱 활력을 얻을 것으로 보인다.

단점으로 지적되는 모습도 있다. 현재 을지로3가 상권의 노후화된 건물에 영업 중인 상인들의 젠트리피케이션이 진행될 수 있다는 것이다. 하지만 을지로3가 상권은 붙어 있지 않고 분산돼 있어 프랜차이즈의 입점이 어렵고 수십 년간 가게를 지켜온 이들이 거래처와 연계돼 쉽게 자리를 내주지 않아 당분간은 이러한 현상이 나타나지 않을 것으로 보인다.

낡은 건물의 개보수 비용과 인테리어, 홍보 등에 신경 쓰고 트렌디한 아이템을 찾아 자신만의 개성이 돋보이는 공간을 만들 수 있다면 리스크를 줄이고 성공적인 창업을 할 수 있을 것으로 예상된다

을지로3가역 상권 상가 평균 시세 & 승하차인구 현황(가격 단위 : 만 원)

구분	A급 점포 (3번 출구 골목 1층)		A급 점포 (10번 출구 골목 1층)	
	전용면적(㎡)	33	전용면적(㎡)	33
보증금	2,000~3,000		2,000~3,000	
월세	180~200		200~220	
권리금	1,000~2,000		2,000~3,000	
공시지가(3.3㎡)	3,600~4,000(을지로13길)		3,600~4,000(충무로5길)	
예상 토지매매가(3.3㎡)	7,200~8,000		7,200~8,000	
을지로3가역 1일 승하차 이용자 수 평균 : 약 6만 7,000명(출처 : 서울교통공사)				

※ 현지 중개업소를 방문 조사한 것으로 점포 입지에 따라 약간의 시세차가 있을 수 있습니다.

서울 북부의 관문으로 집객력이 우수한

미아사거리역 상권

대단지 배후수요가 약 2만 세대

동북선 경전철 개발 확정되어 상권 기대감 높음

롯데·현대백화점 이마트 등 집객시설 풍부

노후화된 재래시장 등 변화 시급

대단지 아파트 입주 완료

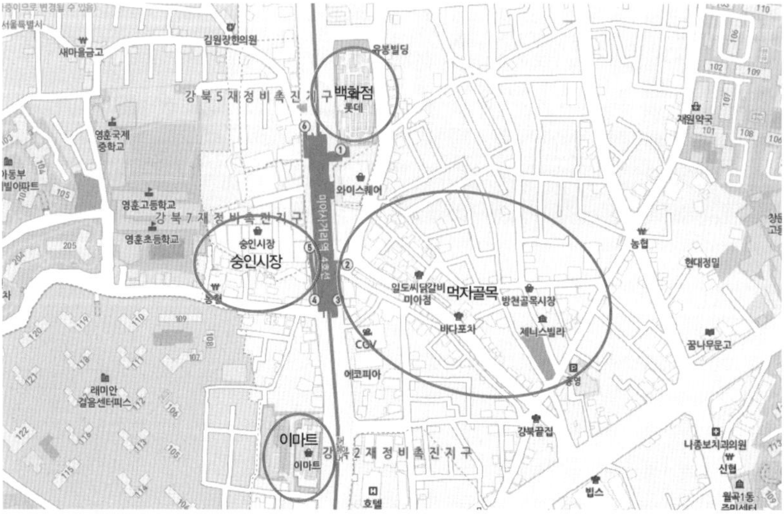

미아사거리역 상권 상가 평균 시세 & 승하차 인구

A급 점포(먹자골목 1층)

A급 점포(도봉로 대로변 1층)

전용면적 3.3㎡ 기준 / 단위 : 만 원

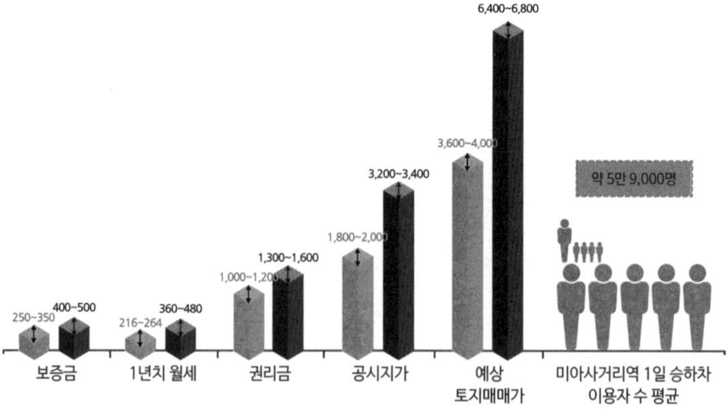

자료제공 : 상가의신

※ 현지 중개사무소를 방문 조사한 것으로 점포 입지에 따라 약간의 시세차가 있을 수 있습니다.

출처 : 국토교통부, 서울교통공사

미아사거리역은 원래 미아삼거리역으로 불리다가 대로변 고가도로 철거에 의해 삼거리가 사거리로 변경됨에 따라 2013년부터 역명이 미아사거리역으로 변경되었다. 서울 북쪽 관문 역할을 해온 미아동 지역은 1985년 지하철 4호선이 개통됨에 따라 상권이 점차 확장돼 지금의 상권으로 자리 잡았다.

미아사거리역 상권은 롯데백화점, 현대백화점, 이마트 등 대형 유통시설과 CGV 영화관 등 집객시설이 늘어나며 먹자골목이 형성되면서 활성화되었다. 주 연령층이 30~40대로 형성돼 있어 10~20대 집객시설의 증가가 필요해 보인다.

낮 시간에는 배후세대 주민들의 쇼핑, 여가 생활로 북적이고, 저녁시간부터 새벽시간까지 30~40대 유동인구의 소비가 이루어지는 상권이다. 오피스 상권이 주류는 아니지만, 외식업의 경우 배후에 주택이 많아 퇴근 이후에 찾는 고객들로 늦은 시간까지 영업하는 곳이 많다.

미아사거리역 주변으로 대단지 배후세대가 확보되어 있다. 래미안길음센터피스아파트(2,352세대), 길음뉴타운동부센트레빌아파트(1,377세대), 미아송천센트레빌2차아파트(376세대), 미아동부센트레빌아파트(480세대), 미아경남아너스빌1차아파트(860세대), 꿈의숲롯데캐슬아파트(615세대), 한일유앤이아파트(384세대) 등이 있으며, 그 밖에 주변 주거 세대 등을 포함하면 2만여 세대 이상의 배후수요가 있다.

미아사거리역 상권은 강북구의 대표적 소외지역 이미지에서 탈피해 확장 추세에 있는데, 생활편의시설 이용 면에서 다른 곳에 뒤처지지 않고 빠르게 개선되는 지역 중 하나이다.

대단지 배후수요 확보된 복합상권

미아사거리역 인근에는 롯데백화점, 현대백화점, 이마트, CGV까지 자리 잡고 있어 평일, 주말 할 것 없이 항상 유동인구가 풍부하다. 특히 쇼핑과 문화생활, 먹거리 등 상권 내 집객시설이 풍부해 상권에서의 이탈이 적은 지역이다.

역 주변 대로변에는 대형 SPA브랜드 매장과 프랜차이즈 매장, 휴대폰 매장, 안경점, 은행, 병·의원 등의 업종이 분포되어 있다. 특히 지하철과 버스노선을 통해 유입되는 유동인구가 많아 대로변은 항상 붐빈다.

미아사거리역 2번 출구부터 방천골목시장까지 먹자골목이 형성돼 있다. 고깃집, 전집, 횟집, 일식집 등 식사와 술을 함께 마실 수 있는 음식점이 자리해 있다. 먹자골목의 주 고객층은 길음동, 송천동, 미아동, 월곡동, 수유동 등 주거 밀집지역에 거주하는 30~50대로 구성된다.

먹자골목은 저녁시간부터 거리에 사람들이 하나둘씩 늘어나기 시작해 7~8시에 활성화되며 새벽시간까지 이어지는 것으로 보인다. 20대부터 50대까지 전체 연령층은 다양하지만 주로 이용하는 고객층은 30~50대이다. 10대 후반 청소년들과 20대 초반 대학생들의 경우 연령층에 맞는 집객시설 부족으로 수유역 먹자골목을 이용하는 것으로 보인다.

소상공인시장진흥공단의 2018년 하반기 매출통계 자료를 살펴보면 음식(월평균매출 6,218만 원), 소매(월평균매출 5,384만 원), 관광/여가/오락(월평균매출 4,577만 원), 숙박(월평균매출 4,463만 원), 스포츠(월평균매출

미아사거리역 상권 월 평균매출 TOP 5 업종

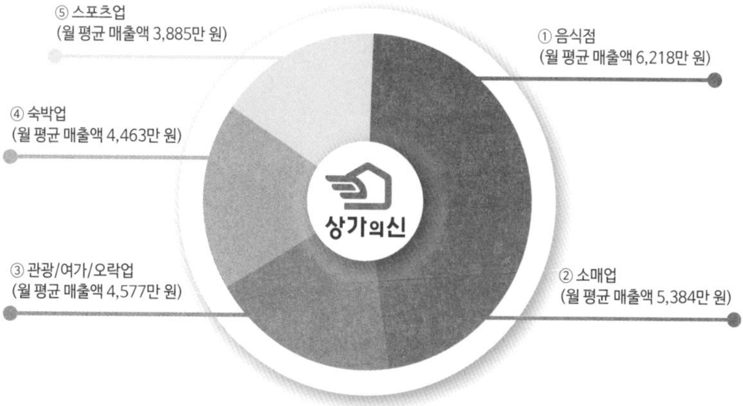

출처 : 소상공인진흥공단, 미아사거리역 상권 2018년 하반기 기준 매출통계자료 (조사일 : 2019.12.13)

3,885만 원) 순이다.

미아사거리역 5번 출구 정면으로 걷다 보면 전통 재래시장이 눈에 들어온다. 1967년에 개설된 숭인시장이다. 인근 백화점과 함께 상권을 형성하여 채소, 과일, 귀금속, 잡화 등 다양한 제품을 판매하고 있다. 하지만 대로변과 백화점 인근의 유동인구에 비해 상권의 상황은 좋지 않은 편이다.

현재 숭인시장은 낡은 골목길과 단층 건물로 운영되고 있으며 관리가 잘되지 못해 음침한 분위기가 느껴진다. 재래시장이 역세권 입지에 지리적 이점을 이용해 활성화되려면 고객들의 방문을 높일 수 있게 하는 한정된 상품 구성과 새로운 형태의 모객 구성이 따라줘야 하고 기본적인 정비가 필요할 것으로 보인다. 현재 활성화된 재래시장들처럼 정비와 요일별 이벤트, 쿠폰 발급 등 고객들의 발길을 끌 수 있는 지역만의 콘텐츠가 필요하다.

소상공인시장진흥공단의 2019년 인구분석 자료를 살펴보면 60대 유동인구가 22.3%로 연령별 비율 중 가장 높고 그 뒤를 이어 50대 20.4%, 40대 20.3%, 30대 16.7%, 20대 13.9%의 비율이다. 요일별 유동인구를 살펴보면 토요일에 16.2%로 유동인구가 가장 많으며 나머지 요일도 비슷한 모습이나 일요일에는 12.8%까지 떨어지는 것으로 나타났다.

미아사거리역
동북선 경전철 개발 확정 등

동북선 경전철(2024년 예정)은 왕십리역~제기동역~고려대역~미아사거리역~장위역~북서울꿈의숲역~우이천역~월계역~하계역~은행사거리역~상계역 등 13.4km 구간의 15개 정거장을 지난다. 이 지역 대부분은 서울 동북부 지역의 대표적인 교통소외지역으로, 다양한 호선이 지나기는 했지만 환승여건이 부족한 상황이었다. 동북선 경전철이 신설되면 교통여건이 개선되고 경전철을 이용하는 승객이 많을 것으로 예상된다.

경전철이 신설되면 쿼트러플(4개 호선이 지나는 역) 역세권인 왕십리역과 1호선 제기동역, 월계역, 4호선 상계역과 미아사거리역, 6호선 고려대역, 7호선 하계역 등 7개 역에서 노선을 갈아탈 수 있어 환승이 편리해질 전망이다.

서울시가 지난 2002년 뉴타운 사업지로 왕십리, 은평과 함께 시범적으로 지정한 3곳 가운데 1곳으로 길음동 1·2동 일대 면적 125만m² 규모로 조성되었다. 이곳은 전체 9개 구역에서 재정비촉진 5개 구역으로 나뉜다. 롯데캐슬 골든힐스(399세대)와 꿈의숲효성해링턴플레이스(1,028세대)까지 입주가 완료되어 상권에 활력을 불어넣을 것으로 보인다.

숭곡초, 삼각산초, 삼각산중, 숭곡중, 삼각산고 등이 역에 인접하여 있고 영훈국제중, 미양중, 성암여중, 영훈고, 미양고, 선암국제무역고 등의 학군이 인접해 있다. 녹지지역 또한 풍부한 데다 북서울꿈의숲, 오동공원, 오패산 등이 인접하여 쾌적한 환경을 자랑한다.

미아사거리역 상권에서 창업을 고려하고 있다면 2번 출구 인근 먹자골목에 창업하는 것을 추천한다. 배후수요가 탄탄하고 뛰어난 유동인구를 자랑한다. 또한 저녁시간부터 새벽시간까지 장시간 영업이 가능하다. 하지만 발품을 팔아 상권 구석구석까지 살펴보고 업종 분석을 해야만 한다. 특히 10~20대의 집객시설 부족과 업종 중복 등을 고려해 창업을 해야 리스크를 줄일 수 있다.

백화점 인근 골목에 있는 지리공인중개사사무소 박재하 대표는 "롯데백화점 뒤편을 제외하고 대부분이 재건축되거나 진행 중인데, 래미안길음센터피스아파트(24개동 2,352세대)가 입주가 끝나 인구 유입이 많이 될 것으로 보고 있다."면서 "인근 수유나 노원에 비해 대형 건물이 적고 타 상권에 비하면 대로변 상가가 적은 편이다. 기존상가는 권리금이 높아 투자하는 사람들 중에는 기존 주택을 용도변경하여 주택형 상가로 임대

하거나 직접 운영하는 경우가 있다. 반지하보다는 단층 건물을 매입해 용도변경하면 수익이 비교적 안정적이다."라고 말했다.

덧붙여 "매출부진으로 자영업자들이 많이 힘들어진 상황에서 최근 경기를 감안한다면 월세는 큰 변화 없이 정체 상태이고 권리금의 경우 떨어지는 흐름을 보인다. 특히 창업을 한다면 권리금의 경우 추후 매도 시 다음 임차인에게서 회수가 가능한지 여부를 고려해야 한다."라며 "장기적으로 대중교통 개선 예정과 아파트 입주가 증가하고 있지만, 상업용 부동산 투자나 창업을 생각한다면 이곳 상권의 특징을 충분히 파악한 후에 결정해도 늦지 않다."고 당부했다.

미아사거리역 상권 상가 평균 시세 & 승하차인구 현황(가격 단위 : 만 원)

구분	A급 점포 (먹자골목 1층)		A급 점포 (도봉로 대로변 1층)	
	전용면적(㎡)	33	전용면적(㎡)	33
보증금	2,500~3,000		4,000~5,000	
월세	180~220		300~400	
권리금	10,000~12,000		13,000~16,000	
공시지가(3.3㎡)	1,800~2,000(도봉로8길)		3,200~3,400(도봉로 4번 출구)	
예상 토지매매가(3.3㎡)	3,600~4,000		6,400~6,800	
미아사거리역 1일 승하차 이용자 수 평균 : 약 5만 9,000명(출처 : 서울교통공사)				

※ 현지 중개업소를 방문 조사한 것으로 점포 입지에 따라 약간의 시세차가 있을 수 있습니다.

지하철 5·7호선이 교차하는 환승역

군자역 상권

광진구 핵심 먹자골목 능마루 맛의 거리

군자역 도보권 녹지지역 풍부

사통팔달 교통의 요충지

광진구 개발사업 진행 중

군자역 출구별 상권의 콘셉트 다름

오피스텔 공급 많아 인구 유입 늘어남

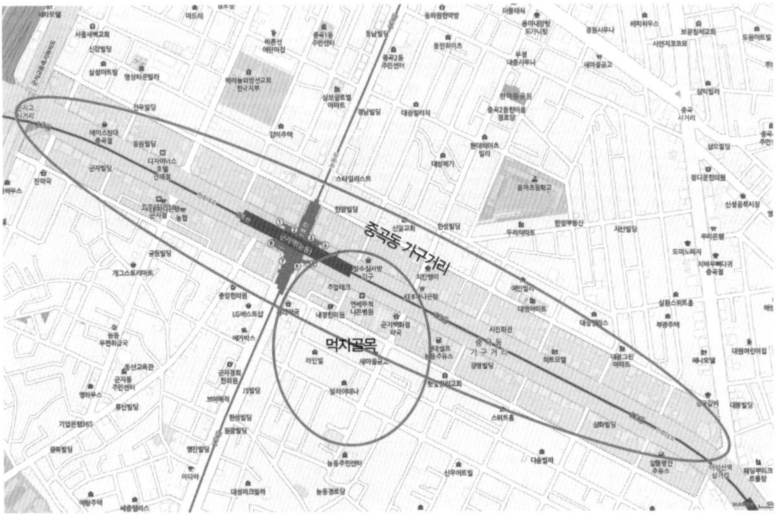

군자역 상권 상가 평균 시세 & 승하차 인구

A급 점포(5·6번 출구 인근 1층)

A급 점포(7·8번 출구 인근 1층)

전용면적 3.3㎡ 기준 / 단위 : 만 원

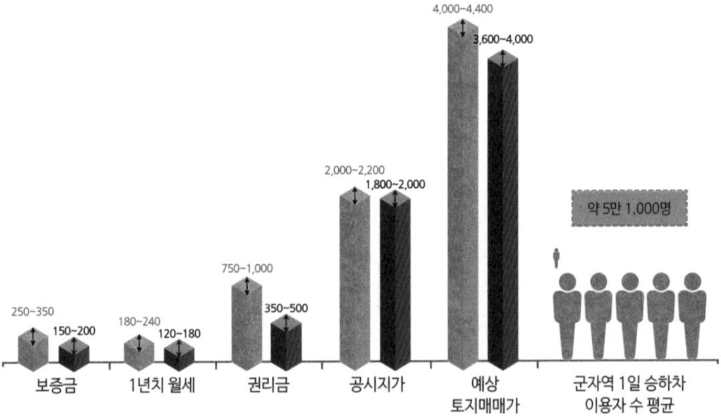

자료제공 : 상가의신

※ 현지 중개사무소를 방문 조사한 것으로 점포 입지에 따라 약간의 시세차가 있을 수 있습니다.

출처 : 국토교통부, 서울교통공사

군자(능동)역 상권은 서울지하철 5, 7호선이 교차하는 환승역이다. 하루 승하차 인원만 5만여 명에 달한다. 군자역을 기준으로 서쪽에 장한평역, 동쪽에 아차산역, 남쪽에 어린이대공원역, 북쪽에 중곡역이 자리 잡고 있다.

지하철 5, 7호선이 교차하는 더블 역세권인 군자역을 통해 강남, 종로, 잠실이 약 10분대로 이동 가능한 지리적 강점을 지녔다. 또한 동부간선도로와 강변북로를 통해 서울 주요 지역으로의 이동이 원활하다.

도보 10분 거리에 있는 어린이대공원은 각종 문화공연시설은 물론 동물원, 야영장, 눈썰매장, 식물원 등이 있으며 공원 입장이 무료로 인근 주민 및 서울 시민들에게 최고의 여가시설로 인식되고 있다.

광진구에서는 현재 구의자양균형발전촉진지구에 조성되는 복합업무단지, 국립서울병원 종합의료복합단지, 구의·자양재정비촉진지구 등 다양한 개발사업이 진행 중이다.

군자역 상권의 출구별 온도 차

군자역 상권은 크게 4곳으로 분류할 수 있다. 군자역 1, 2번 출구 방면으로 대로변에는 가구 매장, 자동차 대리점 등이 자리 잡고 있다. 이면에는 주택가가 형성되어 있어 대로변에 위치한 마트가 성업 중이다. 다만 상권의 모습을 볼 때 흐르는 상권의 특징을 보인다.

군자역 3, 4번 출구 방면 대로변에 은행, 의류점, 병·의원 등이 자리 잡고 있다. 이 지역은 주민들의 편의를 도울 업종들이 들어와 있으며 낮·저녁 할 것 없이 거주자들이 이동하는 동선상에 있다. 이면 도로를 살펴보면 노후화된 상가 주택 등이 위치해 있다.

군자역에서 아차산역 방면 천호대로에 중곡동 가구거리가 있다. 가구점들이 하나둘씩 자리 잡으며 생겨난 곳이다. 가구거리를 걷다 보면 곳곳에 SALE 문구를 걸어 두고 영업 경쟁이 치열한 것을 볼 수 있는데, 과거와 달리 문화가 바뀌면서 오프라인보다 가격이 저렴한 온라인을 선호해 사람들의 발길이 점차 줄어들고 있다.

군자역 5, 6번 출구에 위치한 상권이 군자역의 핵심 상권이다. 군자역 6번 출구 방면에 위치한 능마루 맛의 거리는 저녁시간은 물론 새벽시간까지도 장사가 될 정도로 이 지역의 핵심 상권이다. 거리의 주 타깃층은 20대가 아닌 30~40대이다. 이 거리는 맛의 거리라는 이름보다 곱창골목으로 유명하며 사람들의 발길이 끊이지 않는다.

곱창집을 필두로 치킨집, 고깃집, 오징어집, 바, 노래방, 한식집 등도 줄지어 있다. 여기에 가성비를 앞세운 매장들이 하나씩 자리 잡기 시작하면서 젊은층의 발길이 늘어나고 있다. 그만큼 상권이 변화 중이며 성업 중인 몇 매장을 제외하고 업종이 끊임없이 바뀌는 지역으로 경쟁이 치열하다.

소상공인시장진흥공단의 2018년 하반기 매출통계 자료를 살펴보면 숙박(월평균매출 7,975만 원), 소매(월평균매출 5,929만 원), 음식(월평균매출 5,888만 원), 관광/여가/오락(월평균매출 2,996만 원), 학문/교육(월평균매출

군자역 상권 월 평균매출 TOP 5 업종

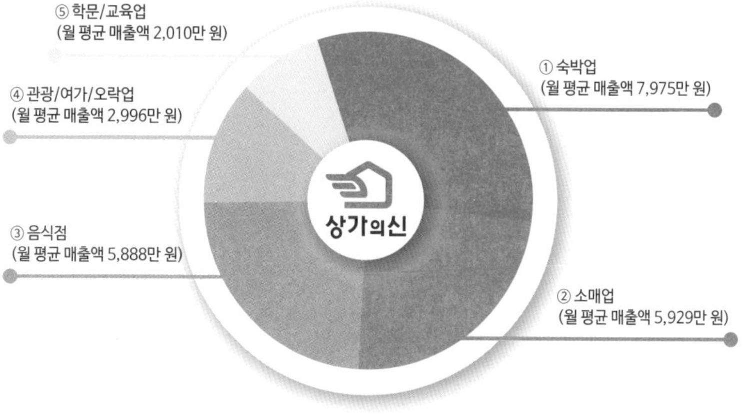

출처 : 소상공인진흥공단, 군자역 상권 2018년 하반기 기준 매출통계자료 (조사일 : 2019.12.13)

2,010만 원) 순이다.

군자역 7, 8번 출구 인근에는 유명 프랜차이즈 매장은 물론 대형 가전제품 매장, 영화관 등이 자리 잡고 있다. 특히 CGV가 영업을 종료하고 메가박스로 교체되며 리모델링을 해 깔끔한 시설의 영화관으로 바뀌어 사람들의 발길이 이어지고 있다. 이면 골목의 경우 주거지역 및 오피스가 혼합되어 있어 안정적인 상권의 모습을 보인다.

소상공인시장진흥공단의 2019년 인구분석 자료를 살펴보면 60대 유동인구가 21.4%로 연령별 비율 중 가장 높고 그 뒤를 이어 30대 20.4%, 20대 18.7%, 50대 17.7%, 40대 17.6%의 비율이다. 요일별 유동인구를 살펴보면 금요일에 15.6%로 유동인구가 가장 많으며 나머지 요일도 비슷한 모습이나 일요일에는 10.8%까지 떨어지는 것으로 나타났다.

광진구 개발사업 진행 중

광진구는 현재 개발이 진행 중이다. 구의자양균형발전촉진지구는 17만 7,333m²의 노후 시가지가 지상 8층 규모의 청사, 보건소, 오피스, 호텔·판매시설이 어우러진 복합업무단지로 개발된다.

인근 중곡역의 경우 국립서울병원이 종합의료복합단지로 형성되어 의료바이오벤처시설, 업무시설, R&D연구소, 지역주민 복지시설, 판매·체육시설 등이 들어선다. 2019년 12월 준공된 종합의료복합단지는 완공

후 연간 20만여 명의 방문객이 예상되며 단지 내에 대한의학회, 한국보건의료연구원, 사회보장정보원, 한국국제보건의료재단, 한국건강증진개발원, 대한전문응급처치협회 등의 전문의료연구기관들이 입주하게 될 예정이다.

군자역은 주요 도심권 진입이 수월해 직장인의 임대 수요는 물론 인근에 위치한 건국대·세종대 등의 교직원·학생 수요, 중곡역 종합의료복합단지, 성수IT산업개발진흥지구 등 대규모 배후수요가 존재해 강남, 종로, 잠실 직장인 임대 수요 및 대학생 임대 수요가 증가할 것으로 보인다.

광진구 복합업무단지 개발도 진행 중이다. 2006년 구의·자양 재정비촉진지구로 지정되면서 동부지방법원과 지검 이전 부지, KT강북지역본

부 부지가 포함되어 있다. 2023년까지 단계적으로 31층 규모의 업무 빌딩과 34층 규모의 호텔 및 오피스텔, 문화공원이 조성될 예정이다. 또한 상업지역 뒤편으로 1,363세대 규모의 아파트가 들어선다.

구의역 일대에 18층 규모의 광진구 통합청사를 포함해 행정·상업·업무·주거시설을 포함한 복합타운 10개 동도 조성될 예정이다. 이처럼 다양한 사업이 진행 중이라 사업지가 인접한 지역에 유동인구 및 상주인구가 증가할 것으로 예상되며, 군자역 상권에도 유입 인구가 증가할 것으로 보인다.

군자역 상권에서 창업을 고려하고 있다면 능마루 맛의 거리에 창업을 하는 것이 리스크를 줄일 수 있다. 다만 건물의 노후화 등으로 인해 리모

델링 비용이 과하게 지출될 수 있으며, 메인 상권의 권리금이 만만치 않아 창업 시 발품을 팔아야 한다. 특히 노후화된 건물의 가장 큰 문제점으로 상하수도 및 전력량 체크가 필수 항목이다.

군자역 5번 출구 골목에서 영업 중인 상인은 "2~3년 전만 해도 능마루 맛의 거리에는 발 디딜 틈 없이 사람이 많았다. 현재는 업종의 변화가 빨라지고 공실도 있다. 하지만 유명 맛집의 경우 웨이팅은 기본이다."라며 "전체적으로 볼 때 영업은 예전만 못하고 부진하지만 부동산가격은 꾸준하게 상승하고 있다. 인근에 주택들과 오피스텔들이 계속 들어서고 있고 탄탄한 배후수요와 로컬 맛집들로 타 지역 상권에 비해 양호한 편이다."라고 말했다.

군자역 7번 출구 인근 부동산 관계자는 "역 출구 주변으로 신규 오피스텔이 10여 개 정도 공사 중이거나 입주를 앞두고 있어 2020년까지 인구 유입이 늘어날 것으로 예상돼 상권이 지금보다 좋아질 것으로 기대하고 있다."면서도 "이곳 메인 상권은 역 주변으로 형성되어 있는데, 점포 가격이 생각보다 높은 편이고 권리금도 높게 형성돼 있어 창업 시 부담이 큰 편이다. 손님들이 몰리는 업종의 경우 30~40대가 많이 찾는 곱창집과 고깃집, 40~50대가 많이 찾는 횟집이 장사가 잘되는 것으로 보인다."고 말했다.

군자역 상권 상가 평균 시세 & 승하차인구 현황(가격 단위 : 만 원)

구분	A급 점포 (5·6번 출구 인근 1층)		A급 점포 (7·8번 출구 인근 1층)	
	전용면적(㎡)	66	전용면적(㎡)	66
보증금	5,000~7,000		3,000~4,000	
월세	300~400		200~300	
권리금	15,000~20,000		7,000~10,000	
공시지가(3.3㎡)	2,000~2,200(능동로36길)		1,800~2,000(군자로182)	
예상 토지매매가(3.3㎡)	4,000~4,400		3,600~4,000	
군자역 1일 승하차 이용자 수 평균 : 약 5만 1,000명(출처 : 서울교통공사)				

※ 현지 중개업소를 방문 조사한 것으로 점포 입지에 따라 약간의 시세차가 있을 수 있습니다.

홈플러스·코스트코·이마트 등 집객력 높은

상봉역 상권

사통팔달 교통망 트리플 역세권 상봉역

역 주변 코스트코, 롯데마트, 이마트 도보권

상봉동 재개발사업 호재 등 상권 변화 기대

상봉역 인근 대단지 아파트, 연립 주택 등 배후 확보

상권 흐름 정체로 점포 매물 거래 줄어 약세

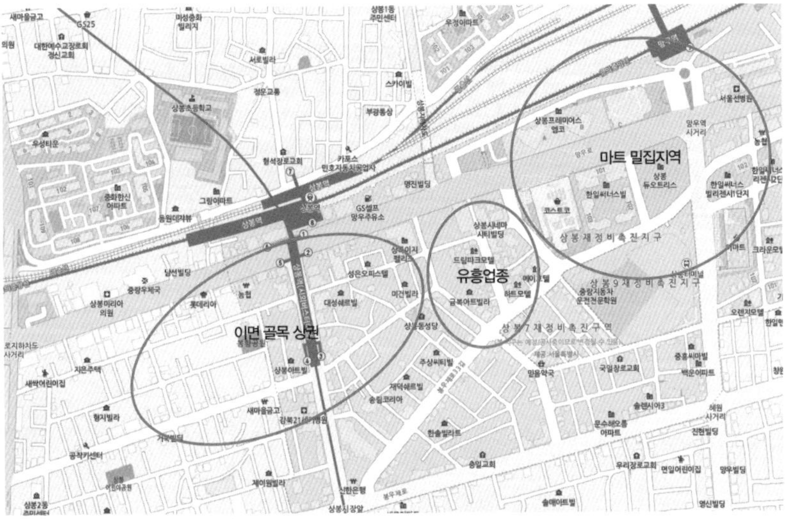

상봉역 상권 상가 평균 시세 & 승하차 인구

A급 점포(2번 출구 인근 1층)
A급 점포(4번 출구 이면 1층)

전용면적 3.3㎡ 기준 / 단위 : 만 원

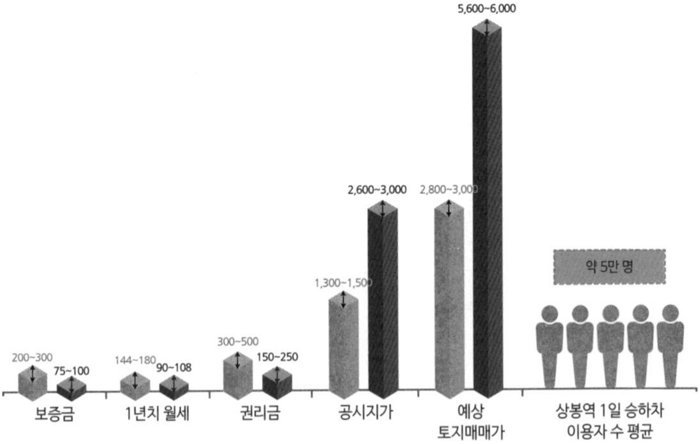

자료제공 : 상가의신

※ 현지 중개사무소를 방문 조사한 것으로 점포 입지에 따라 약간의 시세차가 있을 수 있습니다.
출처 : 국토교통부, 서울교통공사, 한국철도공사

상봉역은 서울지하철 7호선과 경춘선, 경의중앙선의 환승역으로 1일 승하차 이용객이 5만 명에 달하는 트리플 역세권이다. 중랑구에 위치하며 서쪽으로 중랑역, 동쪽으로 망우역, 남쪽으로 면목역, 북쪽으로 중화역이 위치한다. 서울 중심과 외곽으로 이동이 가능한 교통의 요충지이다.

상봉역 상권은 상봉역과 망우역 사이에 위치한 상봉터미널로 인해 주변 교통망이 발달되어 있다. 더불어 대로변 망우로를 따라 크고 작은 빌딩과 아파트 단지가 위치한, 오피스와 주거지역이 뒤섞여 있는 상권이다.

상봉역에서 상봉시외버스터미널은 불과 600~700m 정도 떨어져 있지만, 시외버스터미널은 철도역과의 환승이 어려워 갈수록 손님이 줄어 제 기능을 못하고 있다. 망우역과 상봉역도 동일 생활권임에도 분리 운영되고 있어 이용객들이 불편해하고 지역경제 활성화에도 한계로 작용하고 있다.

상봉삼거리를 기준으로 대로변에는 휴대전화 대리점, 전자제품 매장, 제과점, 약국, 카페 등이 뒤섞여 있다. 특히 상봉역 인근에는 아파트 단지가 위치해 있으며 이면 도로 쪽으로는 연립 주택이 밀집해 있어 가족단위 고객이 많은 편이다.

지하철역 주변에는 중화화신아파트(1,544세대), 상봉초등학교, 면목초등학교, 혜원여자고등학교, 중목초등학교, 홈플러스, 코스트코 등이 자리하고 있어 학교는 물론 생활편의시설이 인접해 있다. 서울 전체에서 상봉동은 생활필수 업종의 물가가 저렴한 지역으로 분류된다.

상봉역 인근 쇼핑·문화생활 원스톱

상봉역 인근에서 가장 뛰어난 집객력을 자랑하는 곳은 바로 홈플러스, 코스트코, 이마트 등 대형 유통시설이다. 상봉역 인근에 몰려 있어 주말이면 마트를 이용하려는 이용객들로 인산인해를 이룬다.

상봉CGV가 망우사거리에 위치해 있어 상권 내에서 쇼핑은 물론 문화생활까지 원스톱으로 가능한 장점을 지니고 있다. 상봉역 인근에는 20~30대가 다수 거주하며 평일, 주말 할 것 없이 영화를 보려는 가족단위 고객과 데이트를 즐기려는 고객들의 발길이 끊이지 않는다.

소상공인시장공단의 2018년 하반기 매출통계 자료를 살펴보면 음식(월평균매출 4,484만 원), 소매(월평균매출 3,738만 원), 생활서비스(월평균매출 3,245만 원), 관광/여가/오락(월평균매출 2,723만 원), 숙박(월평균매출 775만 원) 순이다. 인근에 대형 유통시설들이 몰려 있어 점포들의 월 평균매출은 타 지역과 비교하면 높은 편은 아니다.

상봉삼거리 대로변의 업종은 편의시설이 밀집해 있지만 이면 골목에는 다양한 음식점이 뒤섞여 대로변과 차별화된 색다른 모습을 보인다. 특히 상봉역 2, 5번 출구 이면 도로에는 오피스텔, 도시형생활주택이 밀집해 있고 현재도 공사가 진행 중이다. 골목길 사이사이에 드물게 식당과 카페가 영업 중이다.

상봉역 2번 출구 방면 상봉지하차도삼거리 이면 골목에는 유흥업소들이 위치해 있다. 나이트클럽을 비롯하여 노래방, 바의 모습을 쉽게 볼 수

상봉역 상권 월 평균매출 TOP 5 업종

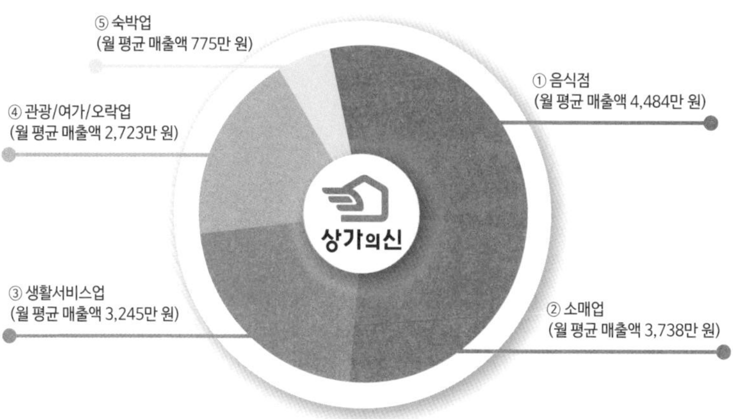

출처 : 소상공인진흥공단, 상봉역 상권 2018년 하반기 기준 매출통계자료 (조사일 : 2019.12.13)

있다. 특히 이 골목길에는 모텔들이 많이 자리 잡고 있어 저녁시간, 새벽 시간 할 것 없이 유동인구가 많다.

상봉역 3번 출구 골목을 살펴보면 출구 바로 앞 대형 프랜차이즈 빵집을 시작으로 분식점, 고깃집, 노래방, 옛날식 다방 등이 위치해 있으며 골목길에는 오피스텔이 다수 자리 잡고 있어 공인중개사사무소가 많다. 골목 안쪽으로 상봉동성당이 위치해 평일과 주말에도 유동인구가 많은 편이다. 하지만 이 골목은 소비를 하는 고객보다 이동하는 동선상에 위치해 있어 흐르는 지역으로 보인다.

맞은편에 위치한 상봉역 4번 출구 바로 앞은 근린생활시설이 신축 중이고 골목 안쪽으로 국밥집, 고깃집, 전집, 노래방 등 다양한 업종이 영업 중이다. 이 골목에는 상봉동의 전형적인 노후화된 상가 주택이 위치해 있다. 역 주변에 집중된 거주지를 확보한 탓에 장기간 영업하는 점포들도 눈에 들어온다.

소상공인시장진흥공단의 2019년 인구분석 자료를 살펴보면 60대가 24.3%로 연령별 비율 중 가장 높고 그 뒤를 20대 22.3%, 30대 17.4%, 40대 15.6%, 50대 14.8%의 비율이다. 요일별 유동인구를 살펴보면 금요일 16.6%로 유동인구가 가장 많으며 나머지 요일도 비슷한 모습이나 일요일에는 9.3%까지 떨어지는 것으로 조사되었다.

상봉역 5번 출구 인근 부동산 관계자는 "현재 상봉역 일대 상가에 공실이 발생하여 대로변을 제외하고 공실이 장기간 이어지고 있다."며 "재정비촉진구역 개발사업이 빠르게 진행된다면 상권이 회복될 것으로 보인다."고 말했다.

상봉역 정비 및 개발호재 러시

상봉역이 위치한 중랑구는 강원도와 서울을 이어주는 관문이다. 현재 남양주시와 구리시로 향하는 경춘선이 그 역할을 하고 있다. 중랑구 중심에 위치한 상봉역은 수도권광역급행철도(GTX-B노선)와 경춘선과 이어지는 동서고속화철도 청량리~속초 구간이 2024년 완공될 예정이어서 교통망이 더욱 우수해질 것으로 보인다.

상봉역 일대는 2000년대 후반에 뉴타운 개발 대상 지역이었다. 재정비촉진지구로 같은 시기에 지정된 중화역 지구를 합하면 100만m^2로 중

랑구 전체 면적의 5% 정도를 차지한다. 하지만 2013년 완공된 8구역을 제외하고 7, 9구역은 재개발사업이 현재까지 진행 중이다.

7구역의 경우 1만 6,503m^2의 면적으로 주거와 상업 기능을 포함시켜 주상복합시설을 건립할 예정이다. 2024년 준공을 목표로 현재 사업인가 취득 후 시공사를 선정하고 있다. 9구역의 경우 상봉터미널을 복합시설로 개발하는 구역으로 2만 8,526.6m^2 대지에 최고 높이 49층의 주상복합 건물이 들어설 예정이다. 판매와 업무, 문화시설 등 비주거 시설이 전체 면적의 51%를 차지하고 1,000여 가구에 달하는 공동주택도 계획되었다. 사업은 2021년 내에 착공에 들어가는 것을 목표로 사업이 진행 중이다.

상권의 전반적인 모습은 발달되지 않은 노후 건물이 주를 이루고 있

다. 일부 건물에서 신축 오피스텔 등이 건립되며 주변 미관환경이 정비되고 있지만 아직 정비되지 못한 지역이 더 많아 빠른 시간 내에 정비 사업이 진행되어야 할 것으로 보인다.

상봉역 상권에서 창업을 고려하고 있다면 상봉지하차도삼거리에 하는 것을 추천한다. 유흥업종이 다수 분포된 지역이지만 창업자의 입장에서 저녁시간부터 새벽시간까지 집객력을 확보할 수 있어 아이템 선택에 집중해 창업한다면 리스크를 줄이고 성공적인 창업을 할 수 있을 것으로 보인다. 다만 어느 상권이든 확실한 지역은 없기 때문에 상권 분석에 신경을 쓰고 직접 발품을 팔아야 상권을 보는 안목이 늘어나고 성공적인 창업을 할 수 있다.

상봉역 3번 출구 인근의 음식점 관계자는 "1~2년 전까지만 해도 평일과 토요일까지는 장사가 웬만큼 되는 편이었는데, 특히 작년부터 시장 상황이 급격히 안 좋아지면서 사람들의 발길이 많이 줄어드는 것 같다."고 말했다.

상봉역 상권 상가 평균 시세 & 승하차인구 현황(가격 단위 : 만 원)

구분	A급 점포 (2번 출구 인근)		A급 점포 (4번 출구 이면)	
	전용면적(㎡)	33	전용면적(㎡)	66
보증금	2,000~3,000		1,500~2,000	
월세	120~150		150~180	
권리금	3,000~5,000(면목로96길)		3,000~5,000(면목로91길)	
공시지가(3.3㎡)	1,300~1,500		2,800~3,000	
예상 토지매매가(3.3㎡)	2,600~3,000		5,600~6,000	
상봉역 1일 승하차 이용자 수 평균 : 약 5만 명(출처 : 서울교통공사, 한국철도공사)				

※ 현지 중개업소를 방문 조사한 것으로 점포 입지에 따라 약간의 시세차가 있을 수 있습니다.

철공소와 예술의 결합으로 명소가 된 창작촌

문래역 상권

주거·오피스 상권 혼재, 로데오거리·GS강서타워 상권

낮에는 카페, 저녁은 조명과 음악으로 180도 탈바꿈으로 활기 넘침

옛 철공소와 예술이 공존하는 이색적인 상권 문래창작촌

전용 33m^2 크기의 소규모 식당, 카페 많고 점포마다 개성 강함

무허가 건물 많아 용도변경 어려워 계약 시 주의

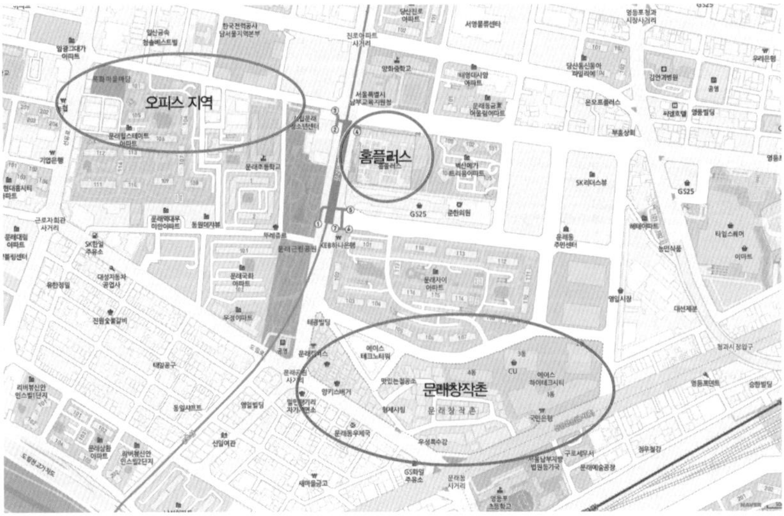

문래역 상권 상가 평균 시세 & 승하차 인구

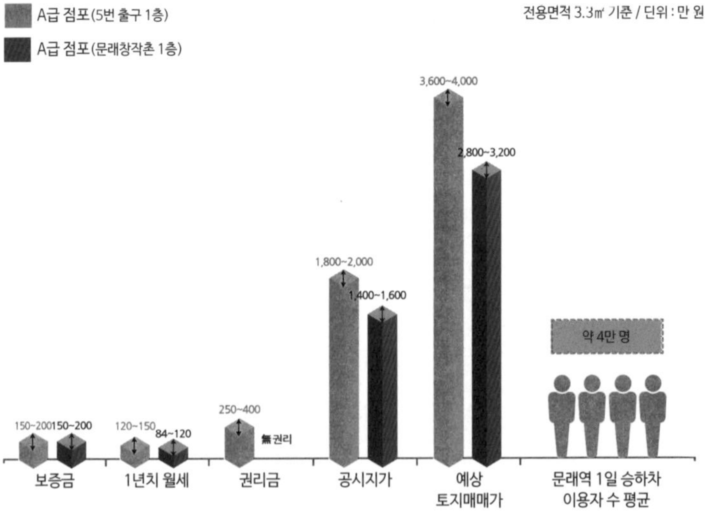

자료제공 : 상가의신

※ 현지 중개사무소를 방문 조사한 것으로 점포 입지에 따라 약간의 시세차가 있을 수 있습니다.

출처 : 국토교통부, 서울교통공사

철공소와 예술이 만나면서 골목골목 자리 잡은 벽화와 다닥다닥 붙은 이색가게들이 젊은이들의 발길을 끌고 있는 상권이 있다. 바로 작은 골목길 속에 감성이 숨어 있는 영등포구 문래역 상권이다.

문래동은 일제강점기 때 사옥동(絲屋洞)이라 불렸는데 면직물 공장이 많아서 붙여진 이름이다. 문래동이라는 지역명은 8.15 광복 후 문익점의 목화 전래지라는 뜻에서 유래했다는 설이 있다.

문래역이 개통했을 당시에는 인근이 공장으로 밀집돼 있어 밤낮을 가리지 않고 기계소리와 용접 냄새가 물씬 풍기던 곳이었다. 그러나 IMF로 철공소들이 하나둘 문을 닫고 환경오염 및 대기오염 등의 문제로 공장들이 서울 외곽지역과 지방 등지로 이전하게 되면서 지금은 그 자리를 대단지 아파트와 상업시설 등이 차지하게 됐다. 인근 합정동, 상수동 등의 임대료가 오르면서 예술인들이 점차 옮겨와 문래창작촌이 생겨났다.

2호선 문래역을 기준으로 위로는 5호선 영등포구청, 아래로는 1호선 신도림역이 위치해 있다. 버스노선이 인천, 경기 북부, 강서, 강동, 강남권을 통하고 있어 접근이 편리하며 인근에는 문래근린공원과 홈플러스가 있다. 또한 영등포역 상권을 도보로 이용할 수 있을 정도로 인접해 있다. 문래초, 영등포초, 영문초, 양화중 등 초·중학교가 밀집돼 있어 가족단위 인구 비율도 높은 편이다.

소상공인시장진흥공단의 2018년 하반기 매출통계 자료를 살펴보면 생활서비스(월평균매출 31,873만 원), 스포츠(월평균매출 10,526만 원), 관광/여가/오락(월평균매출 6,222만 원), 소매(월평균매출 6,152만 원), 음식(월평균매출 3,334만 원) 순이다.

문래역 상권 월 평균매출 TOP 5 업종

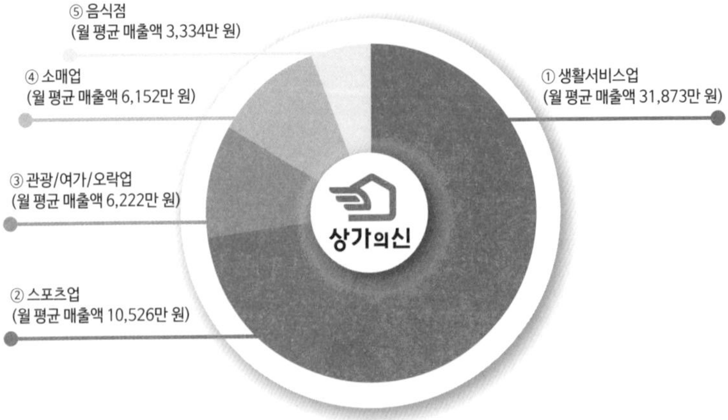

출처 : 소상공인진흥공단, 문래역 상권 2018년 하반기 기준 매출통계자료 (조사일 : 2019.12.13)

주거와 오피스가 혼합된 인근 상권

문래역 인근 상권은 문래동 로데오거리와 GS강서타워 상권으로 나눌 수 있다. 먼저 문래역 5번 출구로 나오면 문래동 로데오거리와 바로 맞닿아 있다. 인근 문래자이아파트, 벽산메가트리움아파트 등 주택 거주자와 홈플러스, 에이스하이테크시티 등에 재직 중인 직장인들이 주 소비층이라고 할 수 있다.

상권 내에 상주하는 거주자와 오피스 직장인들이 주 소비층이다 보니 평일 점심 무렵에는 가정주부와 아이들, 점심식사를 하는 직장인들로 붐빈다. 저녁시간에도 활성화가 되지만 늦은 저녁시간이 되면 유동인구가 줄어드는 특성을 보인다. 직장인 연령층은 20~30대가 많아 주로 젊은층이 좋아하는 음식업종이 자리 잡고 있다.

문래역 3번 출구에서 문래로를 따라가면 나오는 GS강서타워 상권 역시 비슷한 모습을 보이는데 인근 문래힐스테이트아파트, 신동아아파트 등의 거주자와 GS강서타워, 우리벤처타운 등의 직장인들이 주 소비층이다.

소상공인시장진흥공단의 인구분석 자료를 살펴보면 40대 유동인구가 23.2%로 연령별 비율 중 가장 높고 그 뒤를 이어 30대 22.5%, 50대 19.5%, 60대 17.3%, 20대 14.7%의 비율이다. 요일별 유동인구를 살펴보면 금요일에 16.4%로 유동인구가 가장 많으며 나머지 요일도 비슷한 모습이나 일요일에는 8.5%까지 떨어지는 것으로 나타났다.

문래역 인근 상권의 경우 주거와 오피스 상권이 혼합돼 있는 모습이다. 때문에 세탁소와 같은 서비스업, 사무·문구용품을 판매하는 소매업, 음식업 등이 창업 시 적합한 상권으로 보인다.

철공소와 예술이 공존하는 이색 상권 눈길

문래역 7번 출구로 직진하면 '문래창작촌'이라는 안내표지판을 지나 조그만 철공소와 함께 사이사이에 아담한 카페, 음식점이 모여 있는 곳이 나온다. 문래창작촌은 기존에 철강공장, 철제상이 밀집한 지역으로 발전되었다가 몇 년 전부터 예술가들이 하나둘씩 자리 잡으면서 철공소와 예술이 공존하는 이색 상권이 됐다.

상권의 크기는 문래공원사거리부터 문래동사거리까지 비교적 작은 규모이며 주로 대로변 점포는 철공소가 많고 안쪽 골목으로 들어서면 예술인들의 공방과 분위기 있는 퓨전식당, 카페와 함께 문래창작촌을 상징하는 다양한 조형물이 자리 잡고 있다. 2017년 서울문화재단의 지원을 받은 문래창작촌은 예술과 철공소의 공존으로 점포들 또한 특징과 개성이 뚜렷하다.

미로 같은 골목길을 걷다 보면 전용면적 $33m^2$ 남짓한 작은 크기의 식당들이 오밀조밀하게 모여 있는데 식당 내부에 들어가면 다락방, 그림 등으로 인테리어가 돼 있는 것이 특징이다. 골목마다 허름한 벽 대신 아름다운 벽화들이 지나가는 사람들의 눈을 사로잡고 있어 지붕 없는 미술관으로도 불린다.

문래창작촌의 경우 요식업과 카페가 다수이며 상권이 크지 않아 입지보다는 아이디어가 중요하다. 호기심이 많은 젊은 세대의 경우 SNS, 블로그 등을 통해서 정보를 파악하고 움직이는 경향이 많아 이러한 홍보방법을 이용하는 것이 경쟁력에 좋다.

문래창작촌 자체가 생소해 주변 유동인구보다 관심을 갖고 일부러 찾아오는 손님들이 대부분이기 때문에 재치와 친절로 손님을 응대할 필요가 있다. 옛 향수를 불러일으키는 디자인과 친근한 복장도 손님의 발걸음을 사로잡을 수 있다. 디자인에 따라 정갈하고 색다른 메뉴와 맛으로 차별성을 가진 점포도 좋다.

문래동 철공소골목의 '올드문래'가 대표적이다. 이곳은 수제맥주펍으로 손님들이 몰리면서 주변 상권 부활을 이끌고 있다. 공단을 창작단지로 만들려는 문래동 예술촌 작업과 함께 오래된 공단지구의 골목상권에 활력을 불어넣고 있다.

문래창작촌에 자리 잡은 이곳은 낮에는 흔한 카페의 모습이지만 저녁 6시 이후에는 조명과 음악이 180도 바뀌어 활기가 넘치고 내부의 분위기는 유럽 어딘가에 와 있는 느낌이 들 정도이다. 철공소 골목에 옛 공장을 개조해 만든 올드문래는 문래동의 숨겨진 명소이다. 다소 생뚱맞은 공단 한가운데에 있지만, 입소문을 듣고 찾아온 손님들로 가득한데 일부러 저녁 6시 이후에 찾아오는 이곳은 문래동에 터를 잡은 예술가들에게

는 빼놓을 수 없는 공간이다.

가구 제작과 인테리어소품을 주문 제작하는 '나무늘보' 황지회 나무공방장은 "이곳은 낮과 밤이 완전히 달라진다."며 "낮에는 일하는 사람들로 바쁘게 돌아가고 주말에는 2030 젊은 사람들이 많이 붐비고 저녁에는 직장인 회식이나 연인들 데이트 장소로 탈바꿈된다."고 말했다.

천연수제화장품 만들기 교육을 하는 '일럼'의 박기련 공방장은 "교육을 통해 대부분의 수익을 올리는데 평일과 주말 상관없이 예약자에 한해 교육을 한다."며 "여기는 사람들이 목이 좋아서 찾아오는 곳은 아니고, 변화 또한 늦은 편인데 사람들이 입소문만 듣고 투자목적으로 찾아와 임대료만 계속 오른 경향이 있다."고 말했다.

주변 부동산과 상인들에 따르면 "문래창작촌 골목 내 16~26m²의 점포는 보증금 500~1,000만 원, 월세 50~70만 원 선으로 형성돼 있다."며 "무허가 건물이 많아 용도변경이 어려울 수 있으므로 계약 시 주의해야 한다."고 당부했다.

문래역 상권 상가 평균 시세 & 승하차인구 현황(가격 단위 : 만 원)

구분	A급 점포 (5번 출구 1층)		A급 점포 (문래창작촌 1층)	
	전용면적(㎡)	66	전용면적(㎡)	33
보증금	3,000~4,000		1,500~2,000	
월세	200~250		70~100	
권리금	5,000~8,000		대부분 권리금 없음	
공시지가(3.3㎡)	1,800~2,000(로데오거리)		1,400~1,600(도림로128가길)	
예상 토지매매가(3.3㎡)	3,600~4,000		2,800~3,200	
문래역 1일 승하차 이용자 수 평균 : 약 4만 명(출처 : 서울교통공사)				

※ 현지 중개업소를 방문 조사한 것으로 점포 입지에 따라 약간의 시세차가 있을 수 있습니다.

2·9호선 더블 역세권이자 사통팔달 교통 요충지

당산역 상권

당산역 2·9호선 더블 역세권 이용객 많음

사통팔달 교통의 요충지 당산역

편의시설 및 녹지지역 풍부

2년 전부터 매출 크게 떨어진 곳 속출

선유도공원 이용 가족단위 유동인구 확보

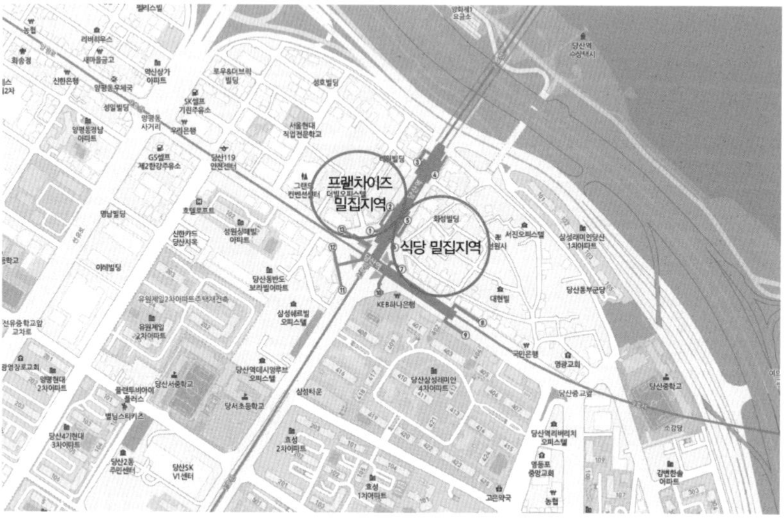

당산역 상권 상가 평균 시세 & 승하차 인구

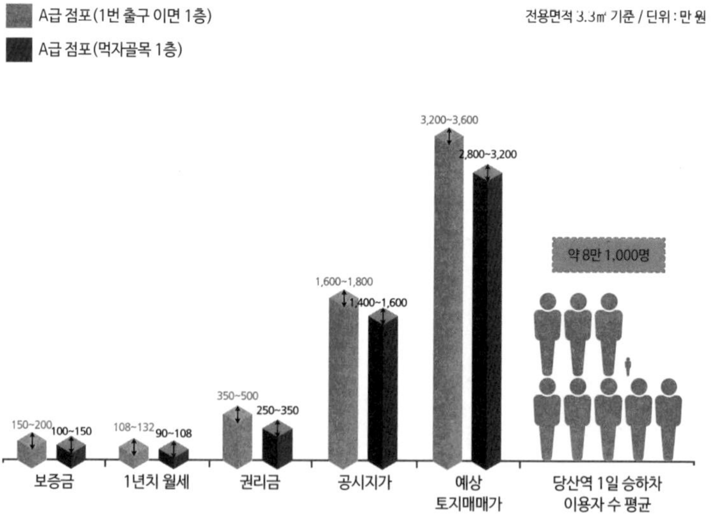

자료제공 : 상가의신

※ 현지 중개사무소를 방문 조사한 것으로 점포 입지에 따라 약간의 시세차가 있을 수 있습니다.
출처 : 국토교통부, 서울교통공사, 서울시메트로9호선

2, 9호선 더블 역세권인 당산역은 2009년 9호선 환승역이 생기면서 교통의 요충지로 거듭나 서울의 대형 역세권상권으로 자리 잡았다. 당산역은 지하철을 통해 여의도, 영등포, 목동 등의 연계성이 뛰어나고 다양한 버스노선이 운행 중이라 서울 외곽으로의 접근성이 우수하다.

당산역 인근은 한강과 선유도공원이 가깝고 코스트코, 롯데마트, 홈플러스 등 대형 할인매장이 위치해 있어 녹지시설 및 생활편의시설이 풍부하며 래미안당산 1차, 래미안 4차, 효성 1·2차, 당산현대 5차, 약산아파트, 효성해링턴타워, 태영데시앙루브, 휴젠느 등의 소형~대형 아파트 등이 자리 잡아 고정 수요층을 확보하고 있다.

당산역 주변에는 대규모 아파트 단지와 오피스텔, 오피스 등이 밀집되어 있고, 오피스 상주인구는 물론 많은 거주인구를 확보하고 있다. 다만 요즘 같은 불경기에는 임차인이 빨리 들어올 수 있는 목 좋은 곳을 택해야 실패해도 손해를 줄일 수 있다.

더블 역세권으로 교통환경 우수

서울 교통의 중심 지역 중 하나인 영등포구의 대표적인 상권으로는 영등포역 상권, 여의도역 상권 등을 꼽을 수 있다. 당산역 상권은 이 두 상권에 비해 비교적 작아 보이지만 2, 9호선 더블 역세권에 주거인구가 풍부하고 한강과의 접근성이 뛰어나 항상 유동인구가 풍부하다.

당산역은 영등포구, 양천구, 강서구, 구로구 등 서울의 외곽 지역들과 연계돼 교통허브의 역할을 하고 있다. 그리고 당산철교를 넘어 합정과 홍대, 신촌으로 쉽게 이동이 가능하고, 여의도로 향하는 직장인들의 출퇴근 경유지로 유동인구가 많이 유입되고 있다. 또한 구로와 신도림으로 접근이 편리하고 서울 시내 순환선인 2호선과 동·서를 잇는 9호선이 있어 교통의 편의성이 뛰어나다.

특히 당산역 주변은 업무 및 금융시설이 밀집되어 있는 여의도와 강남 지역으로의 출퇴근이 용이해 젊은 직장인 및 신혼부부의 수요가 꾸준히 증가하는 안정적인 상권이다.

소상공인시장진흥공단의 2019년 인구분석 자료를 살펴보면 30대 유동인구가 21.7%로 연령별 비율 중 가장 높고 그 뒤를 이어 40대 20.4%, 20대 18.7%, 50대 18.3%, 60대 17.1%의 비율이다. 요일별 유동인구를 살펴보면 금요일에 15.8%로 유동인구가 가장 많으며 나머지 요일도 비슷한 모습이나 일요일에는 10.8%까지 떨어지는 것으로 나타났다.

당산역 1번 출구로 나오면 1층에 바로 스타벅스를 시작으로 맥도날드, 롭스 등 프랜차이즈 매장들이 자리 잡고 있다. 특히 역 앞에 위치한 스타벅스의 경우 최적의 입지에 위치하여 아침·저녁 할 것 없이 많은 고객이 이용하고 있다.

당산역 6번 출구로 나와 이면 골목에 들어서면 낡고 허름한 건물들에 자리 잡고 있는 식당들이 눈에 들어온다. 이 골목길 안에는 설렁탕, 주꾸미, 노래방, 모텔 등의 업종이 뒤섞여 영업 중이며, 저녁시간 이후 다수의 회사원들이 간단한 저녁식사와 회식을 하는 모습을 볼 수 있다.

당산역 상권 월 평균매출 TOP 5 업종

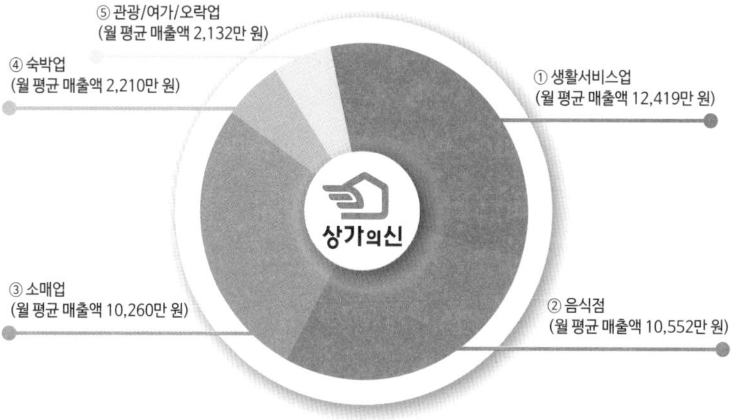

출처 : 소상공인진흥공단, 당산역 상권 2018년 하반기 기준 매출통계자료 (조사일 : 2019.12.13)

소상공인시장진흥공단의 2018년 하반기 매출통계 자료를 살펴보면 생활서비스(월평균매출 12,419만 원), 음식(월평균매출 10,552만 원), 소매(월평균매출 10,260만 원), 숙박(월평균매출 2,210만 원), 관광/여가/오락(월평균매출 2,132만 원) 순이다.

당산역 인근 선유도공원 이용객 많음

과거 선유도공원은 인근에 지하철역이 없어 상권의 접근성이 좋지 못했으나. 9호선 개통으로 인해 당산역~선유도역까지 상권이 확장되었다.

선유도역 2번 출구로 나와 코오롱디지털타워 방향으로 가는 길에 매장들이 밀집해 있고, 선유도역 5·6번 출구 이면 골목을 제외하고는 도로변에 점포들이 밀집해 있어 상권의 규모는 그리 크지 않은 편이다.

선유도공원은 평일에는 주변 오피스 고객들을 통한 점심시간과 저녁시간의 소비가 주로 이루어지며 저녁시간 이후 심야시간에는 고객들의 발길이 줄어드는 모습이다. 주간 방문인원과 소비 패턴을 분석해보면 평일에는 주로 오피스 상주인구가 주 고객층이고 주말에는 가족단위, 연인들의 선유도공원 방문이 증가하는 것으로 보인다.

선유도공원은 9호선이 개통되기 전까지만 해도 많은 사람이 이용하는 공원이 아니었으나, 9호선 개통 이후 접근성이 좋아져 상권이 확장되고 이용객이 증가한 것으로 보인다. 특히 몇 년 사이에 자전거 이용 인구의 증가와 한강에서 여가를 보내는 인원이 늘어나면서 선유도공원 인근 상권도 시너지 효과를 누리고 있다.

2030 서울플랜에 대한 기대감

영등포는 서울시의 '2030 서울플랜'의 서울 3대 도심 개발지로 지정됨에 따라 대규모 개발호재가 잇따라 진행될 예정이다. 특히 2030 서울플랜은 서남권 계획으로 글로벌금융 기능 강화, 신 성장산업 거점 육성, 지

상철도 구간 도시재생사업으로 중심지 일자리 창출, 주거지 관리 및 개선, 교통체계 개선, 생활기반 개선 등 지역특화가 계획되어 있고 현재 진행 중이다.

당산역은 상권의 규모에 비해 거주인구가 많고 오래된 건물이 많아 서울시 서남부개발계획에 따라 도시정비사업(신길, 영등포 뉴타운) 추진, 지구단위구역(당산동, 영등포동, 문래동) 계획, 편의시설(타임스퀘어) 확충으로 쾌적하고 편리한 지역으로의 변화가 진행 중이다.

'2030 서울도시기본계획'에 따라 도심과 여의도·영등포·강남 3곳을 차기 핵심지역으로 지정하고 이곳들을 연결하여 서울의 중심이 될 용산을 관통하는 급행철도망 구축계획은 영등포구의 지역 이미지와 부동산 가치 상승으로 이어질 것으로 보인다.

서울시는 2018년 말에 서울도시기본계획 재정비 절차에 착수해 빠르면 2020년에 '2040 서울플랜'을 수립하겠다고 밝혔다. 서울시 서남부개발계획에 따라 개발이 진행된다면 영등포구의 기존 이미지를 벗고 새로운 주거 및 업무공간으로 거듭날 것으로 보인다.

당산역 상권에서 창업을 고려하고 있다면 상권의 현재 상황을 빠르게 판단하는 안목이 필요하다. 특히 주거와 오피스가 밀집되어 있고 7일 상권으로서의 모습도 갖추고 있어 창업 시 상권 분석과 독특한 아이템을 준비하는 것이 리스크를 줄일 수 있다.

인근 부동산 관계자는 "당산역은 교통의 지리적 이점으로 몇 년간은 꾸준하게 큰 기복이 없었는데, 약 2~3년 전부터 매출이 크게 떨어진 곳이 속출하고 있고 현재 경제 상황과도 연결돼 있는 모습이다."며 "회사

의 근무시간 단축에 회식문화도 많이 줄어 소비감소로 이어진 것으로 보인다."고 전했다.

당산역 인근에서 수년간 고깃집을 운영 중인 사장은 "현재의 자영업 식당들은 잘되는 곳만 손님들로 붐비고, 안 되는 곳은 손님이 별로 없는 '부익부 빈익빈' 현상이 갈수록 증가하고 있는 것 같다."고 말했다.

당산역 상권 상가 평균 시세 & 승하차인구 현황(가격 단위 : 만 원)

구분	A급 점포 (1번 출구 이면 1층)		A급 점포 (먹자골목 1층)	
	전용면적(㎡)	66	전용면적(㎡)	66
보증금	3,000~4,000		2,000~3,000	
월세	180~220		150~180	
권리금	7,000~10,000(대부분 무권리)		5,000~7,000(대부분 무권리)	
공시지가(3.3㎡)	1,600~1,800(당산로47길)		1,400~1,600(당산로48길)	
예상 토지매매가(3.3㎡)	3,200~3,600		2,800~3,200	
당산역 1일 승하차 이용자 수 평균 : 약 8만 1,000명 (출처 : 서울교통공사, 서울시메트로 9호선)				

※ 현지 중개업소를 방문 조사한 것으로 점포 입지에 따라 약간의 시세차가 있을 수 있습니다.

국내 최대 차이나타운, 한국 속 작은 중국

대림역 상권

중국동포 약 80% 거주 중국인 밀집지역

대림2동 내국인 2만 4,254명→1만 2,758명 감소

2·7호선 더블 역세권 1일 승하차 8만여 명

3년 전의 매출 대비 3분의 1 떨어져 어려움 호소

G밸리, 신안산선 사업 진행 중

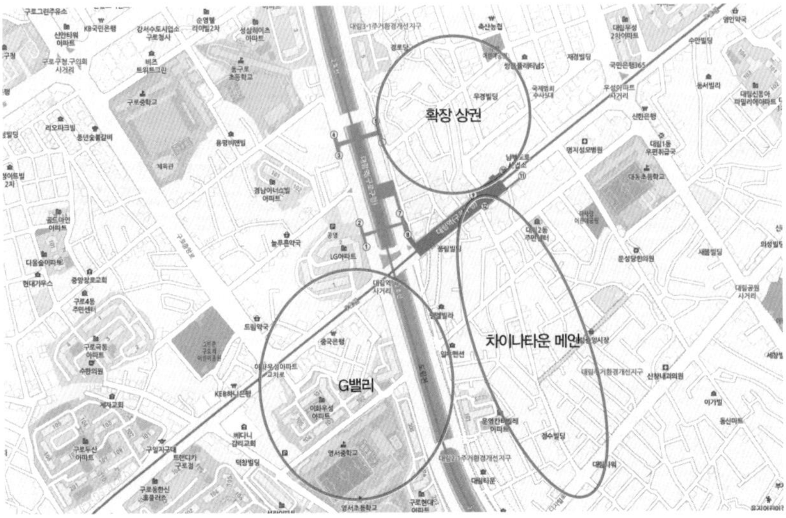

대림역 상권 상가 평균 시세 & 승하차 인구

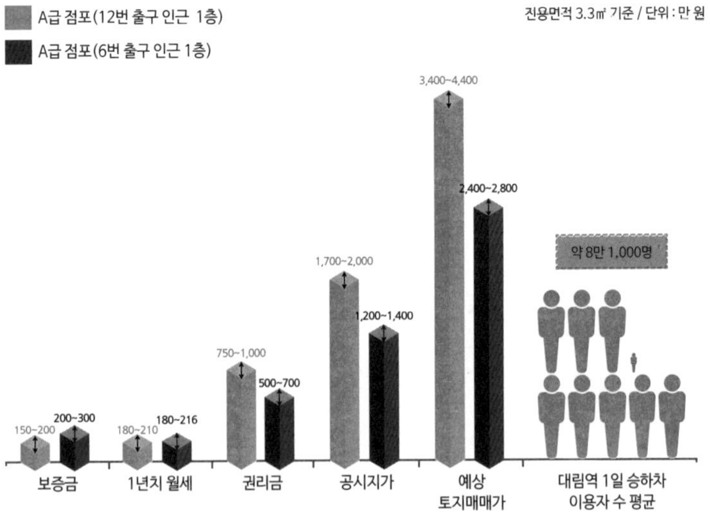

자료제공 : 상가의신

※ 현지 중개사무소를 방문 조사한 것으로 점포 입지에 따라 약간의 시세차가 있을 수 있습니다.

출처 : 국토교통부, 서울교통공사

대림역은 2, 7호선 더블 역세권으로 하루 승하차 이용객이 8만여 명에 달하는 곳이다. 1984년에 지하철 2호선이 개통한 후 2000년에 지하철 7호선이 확장되며 이용객이 급격히 늘었다.

역 주변으로 한국 최대의 차이나타운이 자리 잡고 있으며 인근에는 구로중학교, 구로고등학교, 대동초등학교, 대동중학교, 영남중학교, 영서중학교, 영림중학교, 구로구민회관, 구로구청, 남부도로관리사업소, 서울구로경찰서, 한국정보기술연구원 등이 위치해 있다.

대림동 차이나타운 골목은 영화 「청년경찰」 이전부터 범죄의 무법지대라는 인식이 강하게 나타나는 지역이다. 2017년 대림역 인근에서 조선족 흉기난동 사건이 벌어지기도 했다. 이러한 인식과 더불어 낙후지역으로 사람들의 발길이 멀어진 곳에 중국음식 열풍으로 활기를 되찾아가고는 있지만 불경기로 매출은 쉽게 회복하지 못하고 있다.

지하철 2, 7호선이 운행하는 대림동은 지난 20년간 내국인 인구가 꾸준하게 감소해온 지역으로 2000년 2만 4,254명이 살던 대림2동은 2018년 1만 2,758명으로 감소했다. 떠난 자리는 이주민들이 채웠다. 2000년 89명에 불과하던 상주 외국인은 2018년 9,240명으로 증가했다.

출입국 외국인정책본부 자료에 따르면 2018년 말 기준 서울시에 거주하는 등록외국인은 28만 3,984명으로 나타났다. 이중 구로구 3만 3,989명, 영등포구 3만 5,822명으로 가장 높게 나타났다. 대림2동 동사무소에 따르면 1월 기준 주민등록된 중국인은 총 1만 5,461명이다.

중국인(조선족) 동포가 점령한 중앙시장

가리봉동·대림동·자양동은 서울에 위치한 3대 차이나타운으로 손꼽히는 지역이다. 가리봉동에서 영업 중이던 중국인들은 치솟는 임대료와 주변 개발로 인해 대림동으로 이동하여 대림동 중앙시장에 터를 잡았다. 2019년 1월 기준 중국인·조선족을 포함해 1만 5,000여 명이 거주할 정도로 중국인 밀집지역이다.

대림동은 중국에서 일을 하러 한국에 온 조선족과 중국인이 오랜 시간 터를 잡고 살아온 동네이다. 서울의 대표 낙후지역 중 하나로 손꼽히는 지역이지만 현재 국내에 거주하는 중국인들에게는 명동이나 강남 못지않은 그들의 번화가로 탈바꿈했다.

대림역 12번 출구로 나오면 서울 속의 작은 중국이라 불리는 대림동 차이나타운이 보인다. 사실 이 거리는 차이나타운이 아닌 대림동 중앙시장이라는 정식 명칭이 있다. 시장 골목 초입부터 중국어 간판들이 눈에 들어오며 중국에 있는 것과 같은 착각을 불러일으킨다.

시장 골목에서는 상점마다 중국 노래가 흘러나오고 골목에는 중국 음식을 파는 식당과 식재료를 파는 점포들이 많다. 상인들 대부분이 중국인이어서 한국어보다 중국어가 더 많이 들리는 지역이다.

중국인(조선족)의 문화인 먹는 것에 돈을 아끼지 않는 습성으로 차이나타운 거리는 경제 상황에 영향 없이 항상 북적거린다. 특히 평일, 주말할 것 없이 밤마다 중국인으로 가득 찬다. 이들은 중국 고유의 입맛을 살

대림역 상권 월 평균매출 TOP 5 업종

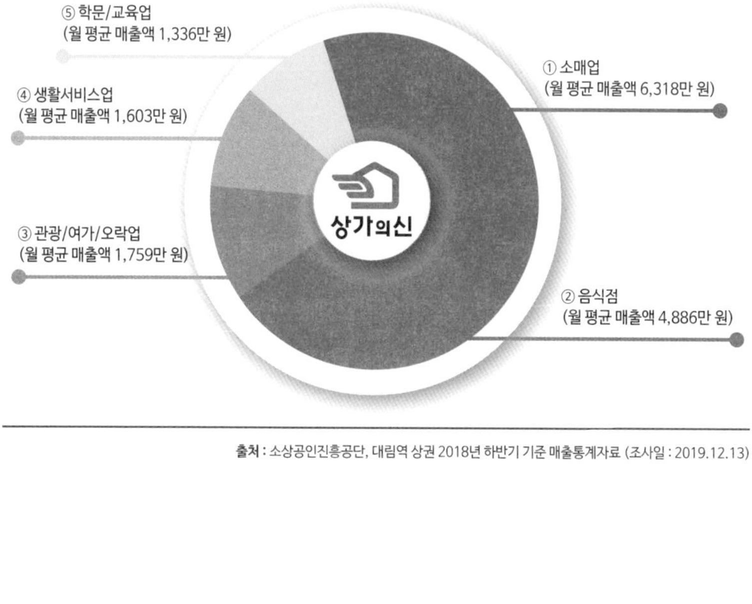

출처 : 소상공인진흥공단, 대림역 상권 2018년 하반기 기준 매출통계자료 (조사일 : 2019.12.13)

린 중식당과 노래방 등으로 몰리는데 가게 종사자들이 대부분 중국인이라 한국말이 통하지 않는 경우가 많다.

중앙시장 내에 위치한 상점의 40~50%가량이 중국인 소유일 정도로 중국인이 많다. 대림동에는 꾸준하게 중국 자본과 중국인의 유입이 증가하는 것으로 보인다.

영화 「청년경찰」, 「범죄도시」에 차이나타운이 배경으로 등장하는 등 이미지상 안 좋은 점도 있지만 영화에서 노출된 중국음식이 관심을 얻으며 인기를 얻고 있다. 유튜브, 인스타그램, 페이스북 등을 통해 크리에이터들이 마라룽샤, 마라샹궈, 분모자 당면 등을 먹기 시작하며 더욱이 관심이 집중돼 대림동 차이나타운에 한국인들의 발길이 이어지고 있다. 특히 한국인의 입맛에 맞춘 것이 아닌 현지인의 입맛에 맞춘 음식들로 특색을 갖췄다. 여기에 직구를 통해 중국 식자재를 구매하려면 7일 이상 걸리는 것도 중앙시장에 방문하면 당일 바로 구매가 가능하다는 강점을 지녔다.

다만 영화나 언론에서 보도된 것과 같이 아직까지 대다수 시민의 인식은 좋지 않은 실정이다. 대림동에 거주하는 김 씨(35세)는 "과거에는 보도된 것과 같이 사건사고가 끊이지 않았지만 현재는 경찰 순찰, 중국인들의 인식 변화 등으로 치안이 좋아졌다."고 말했다.

소상공인시장진흥공단의 2018년 하반기 매출통계 자료를 살펴보면 소매(월평균매출 6,318만 원), 음식(월평균매출 4,886만 원), 관광/여가/오락(월평균매출 1,759만 원), 생활서비스(월평균매출 1,603만 원), 학문/교육(월평균매출 1,336만 원) 순이다.

대림역 대로변에는 카페, 화장품 매장, 식당, 중국음식점, 휴대폰 매장, 은행 등 다양한 업종이 뒤섞여 있고 중국인과 한국인의 비율은 5:5 정도로 보인다. 대로변은 여느 상권과 마찬가지로 프랜차이즈 점포가 영업 중이다. 중국공상은행 대림지점, 중국은행 구로지점 등이 대림역 인근에 자리 잡고 있어 중국인들이 많이 이용하는 대표 지역이라는 것을 알 수 있다.

소상공인시장진흥공단의 2019년 인구분석 자료를 살펴보면 40대 유동인구가 22.3%로 연령별 비율 중 가장 높고 그 뒤를 이어 50대 21.2%, 30대 20.3%, 60대 19.4%, 20대 12.9%의 비율이다. 요일별 유동인구를 살펴보면 화요일에 15.9%로 유동인구가 가장 많으며 나머지 요일도 비슷한 모습이나 일요일에는 11%까지 떨어지는 것으로 나타났다.

대림역 인근 노후화 주변 환경 개선

대림역 주변 건물들을 살펴보면 낮은 건물과 노후화된 건물이 많다. 서울시는 '2030 서울시 생활권계획'에 따라 대림동 주변 노후불량주거 지역을 대상으로 도시관리계획을 수립했다. 대림주거환경개선지구, 대림2-1주거환경개선지구, 대림2-2주거환경개선지구, 대림3-1주거환경개선지구, 조롱박마을주거환경관리구역, e편한세상보라매2차(2020년 7월 예정) 등 개발사업이 진행 중이어서 주변 환경이 개선되고 있다.

'2030 서울시 생활권계획'에 따라 구로구 일대에 'G밸리' 초대형 서울

디지털 국가산업단지의 개발이 진행되었다. 대림동, 가리봉동 등 외국인 밀집지역 관리방안 마련, 신안산선 추진 등 사업이 진행 중이다.

'G밸리' 사업으로 대림역 인근에 위치한 구로디지털단지역, 남구로역, 가산디지털단지역에 걸쳐 산업단지가 들어서며 유입되는 인구가 꾸준히 증가하고 있다. 대림역 주변에는 아파트 단지보다 연립 주택 형식의 상가 주택 등이 자리 잡고 있어 인근의 수요에 맞춰 정비사업이 진행되어야 할 것으로 보인다.

대림역 주변으로는 녹지공원도 풍부하다. 두암어린이공원, 다사랑어린이공원, 대림어린이공원, 구로어린이공원, 원지공원, 동심어린이 공원, 여기에 도림천이 흘러 풍부한 녹지 인프라를 자랑한다.

대림역 상권에서 창업을 고려하고 있다면 철저한 시장 분석이 필요하다. 대림역 12번 출구에 형성된 차이나타운을 살펴보면 현재 중국음식점, 식자재 업종 등이 이미 포화 상태로 영업 중이라 확실한 아이템을 가지고 들어가야 한다. 또한 차이나타운 내 상가의 권리금은 현재 다소 높게 책정되어 있어 신규 창업 시 현재 자금과 대출 가능 여부 등을 사전에 파악하는 것이 중요하다.

현재 차이나타운은 상권이 확장 추세에 있어 앞으로의 발전 가능성을 기대해볼 수 있다. 과거에 중국인의 소비가 주를 이루었다면 요즘에는 한국인의 소비가 증가해 치안 등의 문제도 더욱 개선될 것으로 보인다.

대림역 12번 출구 인근 부동산 관계자는 "이곳 상권은 한때 재한중국인 상인들이 높은 권리금을 주고 들어올 정도로 많이 몰렸지만 1~2년 전부터 가게를 정리하고 빠져나가는 분위기이다. 그런데 정리가 쉽지 않다."며 "동일 업종이 몰린 원인도 있겠지만 경기가 예전 같지 못해 일용직 일자리의 감소로 소비가 동반 하락해 매출이 3년 전에 비해 3분의 1 수준으로 낮아져 시장 상황이 상당히 심각하다."고 말했다.

대림역 상권 상가 평균 시세 & 승하차인구 현황(가격 단위 : 만 원)

구분	A급 점포 (12번 출구 인근 1층)		A급 점포 (6번 출구 인근 1층)	
	전용면적(㎡)	66	전용면적(㎡)	33
보증금	3,000~4000		2,000~3,000	
월세	300~350		150~180	
권리금	15,000~20,000		5,000~7,000	
공시지가(3.3㎡)	1,700~2,000(대림로38길)		1,200~1,400(대림로29길)	
예상 토지매매가(3.3㎡)	3,400~4,000		2,400~2,800	
대림역 1일 승하차 이용자 수 평균 : 약 8만 1,000명(출처 : 서울교통공사)				

※ 현지 중개업소를 방문 조사한 것으로 점포 입지에 따라 약간의 시세차가 있을 수 있습니다.

강서로 따라 양쪽으로 상가들이 자리 잡은

까치산역 상권

까치산시장 배후 주거지역 확보

까치산역 2·5호선 환승역 이용객 많음

까치산역 3번 출구 먹자골목 유흥업종 강세

강서구청장, 강서구 균형 발전 강조

이대서울병원 개원으로 의료시설 확보

전체적 매출 떨어져 임대료 하락

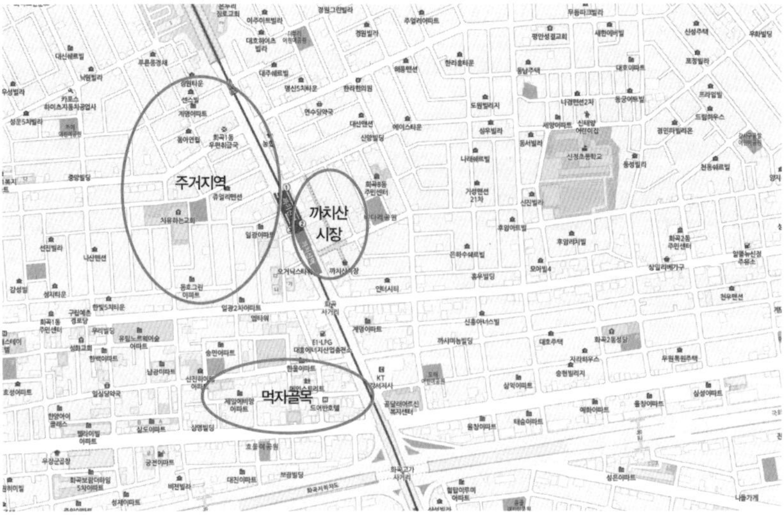

까치산역 상권 상가 평균 시세 & 승하차 인구

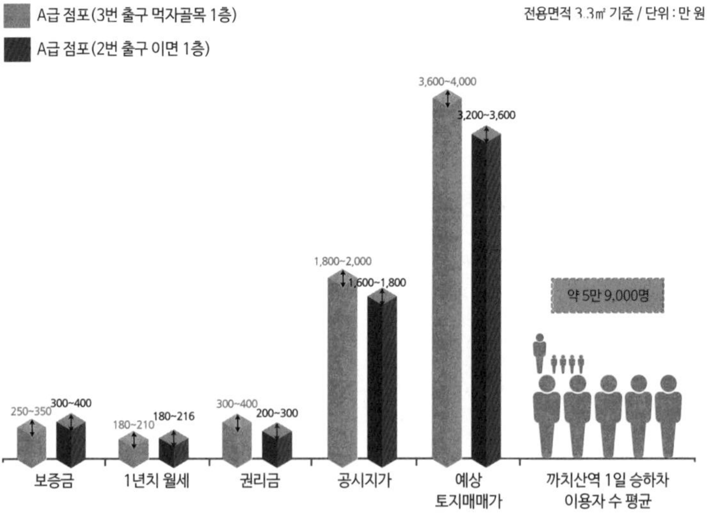

자료제공 : 상가의신

※ 현지 중개사무소를 방문 조사한 것으로 점포 입지에 따라 약간의 시세차가 있을 수 있습니다.
출처 : 국토교통부, 서울교통공사

2, 5호선 환승역인 까치산역은 강남, 종로, 여의도 등 서울의 대표 업무지역과 지하철로 연결되어 시민의 든든한 다리가 되어주는 역이다. 북쪽으로 화곡역, 남쪽으로 신정역이 위치해 있어 편리한 대중교통 여건을 갖췄다.

까치산역 대로변은 강서로를 따라 양쪽으로 상가들이 자리 잡고 있다. 대로변에는 스타벅스, 버거킹, 올리브영 등 대형 프랜차이즈 매장과 카페, 편의점, 부동산, 미용실, 병원 등 다양한 업종이 뒤섞여 유동인구가 많은 지역임을 알 수 있다.

역을 기준으로 북쪽은 주거지역과 까치산시장이 위치해 있고 남쪽으로 도매상가, 의류 매장, 술집, 모텔 등이 밀집해 있다. 역을 주변으로 살펴보면 낡고 오래된 건물이 많아 낙후된 상권으로 보이지만 첫 이미지와 다르게 내실이 있는 상권이다.

까치산역 주변에는 번화가임을 대변하듯 많은 금융기관이 위치해 있다. 국민은행, 강서농협, 우리은행 등이 자리 잡고 있고 까치산역을 중심으로 1만 4,000여 가구가 거주하는 주거 밀집지역이다. 역을 중심으로 음식점과 서비스업종이 주를 이루는 지역이며 생활밀착형 업종이 강세를 보인다.

까치산역 주변으로 까치산근린공원, 배다리공원, 곰돌이공원, 호돌이공원, 한글공원 등 20여 개의 아기자기한 공원이 자리 잡고 있다. 또한 인근에는 신정초등학교, 화원중학교, 신곡초등학교, 신정여자상업고등학교, 양강초등학교, 양강중학교 등이 있다.

숙박업과 요식업 강세

까치산역 1, 2번 출구 이면에 까치산시장이 위치해 있다. 시장 내부에는 청과물, 정육, 분식점 등 다양한 업종이 포진해 있다. 시장을 주로 이용하는 고객층은 인근에 거주하는 주부들이다.

시장골목 뒤편으로 들어가보면 상가 주택, 연립 주택 등 주택가가 자리 잡고 있는데 붉은 벽돌건물이 많으며 20년 이상 된 건물이 많은 것이 특징이다. 또한 까치산역에 주민센터, 공원 등 주변 편의시설이 위치해 있어 주거환경이 우수하다.

까치산역 3번 출구는 까치산역의 메인 상권이라고 할 수 있는 먹자골목으로 이동하는 대로변이다. 먹자골목은 KT강서지사 맞은편에 위치한 GS25편의점부터 시작한다. 골목 안쪽을 살펴보면 고깃집, 분식집, 호프집, 일식집, 카페 등 다양한 업종이 성업 중인 것을 볼 수 있다. 특히 참치 전문점들이 유달리 눈에 많이 띈다.

먹자골목은 까치산역 내 상권 중 가장 내실이 있는 지역이라 말할 수 있다. 대중교통 여건이 뛰어난 편에 속하는 것도 아니고 집객력이 뛰어난 먹자상권에 속하는 것도 아니지만 새벽시간까지 영업을 하는 음식점과 술집이 있다. 점심시간 매출은 상대적으로 떨어지는 편이다.

먹자골목에서는 특히 유흥업종이 강세를 보인다. 골목마다 타 지역에 비해 노래방, 모텔 등이 많이 있으며 초저녁시간부터 새벽시간까지 성인 남녀들의 발길이 끊이지 않는다. 상가 주택의 경우 건물이 낡고 낮은 건

까치산역 상권 월 평균매출 TOP 5 업종

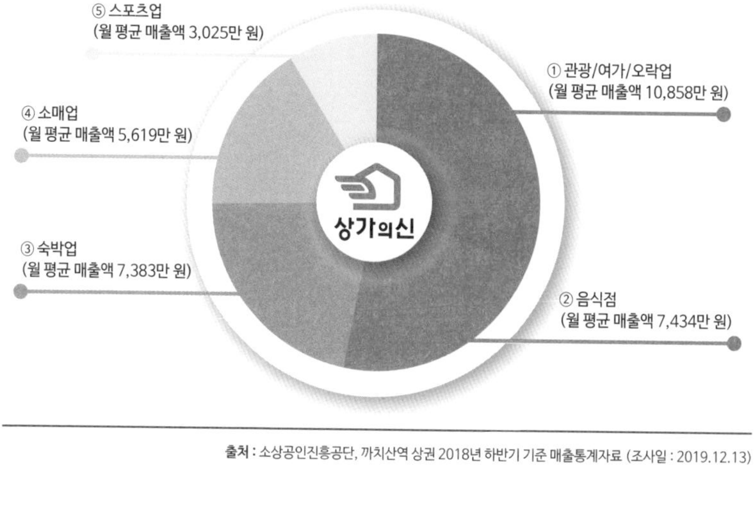

출처 : 소상공인진흥공단, 까치산역 상권 2018년 하반기 기준 매출통계자료 (조사일 : 2019.12.13)

물이 많이 있어 미관상 좋지는 않다.

소상공인시장진흥공단의 2018년 하반기 매출통계 자료를 살펴보면 관광/여가/오락(월평균매출 10,858만 원), 음식(월평균매출 7,434만 원), 숙박(월평균매출 7,383만 원), 소매(월평균매출 5,619만 원), 스포츠(월평균매출 3,025만 원) 순으로 나타났다.

까치산역 4번 출구 방면을 살펴보면 출구 앞에 스타벅스가 있다. 스타벅스는 상권 분석을 철저하게 하기로 소문이 나 있어 까치산역 상권의 내실을 증명하는 바로미터 역할을 하고 있다. 다만 까치산역 4번 출구 방면은 화곡터널로 이어져 상가 주택과 연립 주택이 골목마다 자리 잡고 있으며 이면 골목 초입에만 몇 개의 점포가 있다.

소상공인시장진흥공단의 2019년 인구분석 자료를 살펴보면 60대 유동인구가 22.3%로 연령별 비율 중 가장 높고 그 뒤를 이어 30대 20.2%, 40대 19%, 50대 17.9%, 20대 15.8%의 비율이다. 요일별 유동인구를 살펴보면 금요일에 15.6%로 유동인구가 가장 많으며 나머지 요일도 비슷한 모습이나 일요일에는 10.9%까지 떨어지는 것으로 나타났다.

강서구 노후지역 균형 발전 진행 예정

강서구청의 까치산역 활성화 계획에 따르면 기존 지구단위계획구역 20만 5,510m²를 30만 208m²로 9만 4,698m² 확대하고, 용도지역 변경도 추진한다고 밝혔다. 화곡 2, 4동 일반주거지역도 종 상향을 통해 복합개발이 추진된다.

특히 화곡터널 주변을 2020년 강서문예회관 건립 시기에 맞춰 가로공원길 문화거리 조성, 까치산역 주변 강서유통단지 기반시설 정비를 통해 특화거리가 조성된다. 현재 경인고속도로와 연결되는 국회대로를 지하화하는 사업이 진행 중이며, 용도지역을 변경해 향후 복합 개발이 예정되어 있다.

강서구 민선7기 마스터플랜을 살펴보면 재난안전교육센터 건립, WHO국제안전도시 인증, 강서구민 생활안전보험 도입, 마곡R&D기업·중소기업 간 상생생태계 조성, 공항 고도제한 완화 추진, 국공립어린이집 확충, 장애인 건강관리 사업, 지역 문화 예술 축제, 공공갈등관리 시스템 강화 등 다양한 내용을 담고 있다.

과거에 대형 의료시설의 부재가 강서구의 문제점으로 제기되었는데 이대서울병원이 2019년 5월 정식 개원하며 대형 의료시설을 확보하였다. 이대서울병원은 1,014병상 규모로 최첨단 의료시스템을 갖추고 있다. 또한 이대서울병원은 연간 외국인 환자 3,000명 유치와 매출 4,000억원을 목표로 의료 관련 신규 일자리 4,000여 개 창출 등이 예상돼 지역경제 활성화에 기여할 것으로 보인다.

까치산역 4번 출구 인근 부동산 관계자는 "강서구 지역에서 까치산역은 화곡역과 더불어 평일, 주말, 야간 할 것 없이 높은 매출이 발생하는

지역이다."라며 "20~50대까지 다양한 연령층이 거주해 상권이 전반적으로 안정적이며 인근 지역에서 월세가 저렴한 편에 속해 한 번 자리를 잡으면 장기간 영업을 하여 공실이 발생하지 않는다."고 말했다. 덧붙여 "최근은 어디든 비슷하지만 불황으로 매출이 떨어지고 있어 임대료도 약간은 하락하는 분위기이다."라고 했다.

까치산역 상권에서 창업을 고려하고 있다면 까치산역 3번 출구 인근 먹자골목에 창업하는 것을 추천한다. 잘 알려진 상권은 아니지만 상권 전체의 분위기가 양호하고 배후수요를 확보하고 있어 상권이 안정적이다. 또한 대학가 상권과 비교해 저렴한 보증금과 임대료로 초기에 안정적인 영업이 가능하다.

다만 주의할 점으로 노후화된 건물에 입점하게 된다면 상하수도 시설, 전력량 등을 반드시 확인하고 업종 및 상권에 대해 전반적인 분석을 한 후에 아이템을 선정해야 창업 시 리스크를 줄이고 장기간 영업이 가능할 것으로 예상된다.

대로변 음식점 관계자에 따르면 "20~50대 다양한 연령층이 저녁시간이면 문전성시를 이루던 시절이 있었다."며 "경기침체와 최저임금인상으로 예전만큼 장사가 잘되는 것은 아니지만 다른 상권에 비해 아직까지 안정적이다. 업종에 따라 힘들어하는 분들도 있어서 경기가 빠르게 회복되길 기다리고 있다."고 말했다.

까치산역 상권 상가 평균 시세 & 승하차인구 현황(가격 단위 : 만 원)

구분	A급 점포 (3번 출구 먹자골목)		A급 점포 (2번 출구 이면)	
	전용면적(㎡)	66	전용면적(㎡)	33
보증금	5,000~7,000		3,000~4,000	
월세	300~350		150~180	
권리금	6,000~8,000		2,000~3,000	
공시지가(3.3㎡)	1,800~2,000(강서로7길)		1,600~1,800(강서로12길)	
예상 토지매매가(3.3㎡)	3,600~4,000		3,200~3,600	
까치산역 1일 승하차 이용자 수 평균 : 약 5만 9,000명(출처 : 서울교통공사)				

※ 현지 중개업소를 방문 조사한 것으로 점포 입지에 따라 약간의 시세차가 있을 수 있습니다.

한강 조망권 누리는 전통적 부촌

이촌역 상권

이촌역세권 전형적인 항아리 상권

노후아파트 재건축 등 주변 개발 호재

용산구 개발호재 및 개발사업 진행

미군기지 이전과 재건축 앞두고 인구 감소

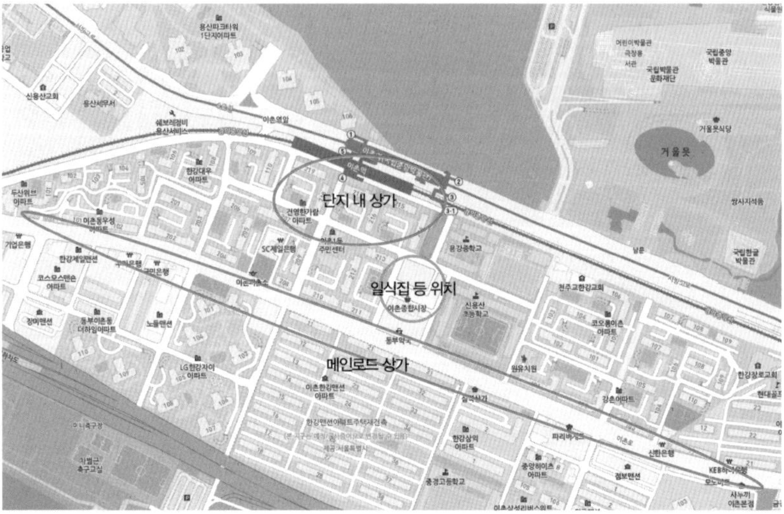

이촌역 상권 상가 평균 시세 & 승하차 인구

A급 점포(재팬타운 1층)
A급 점포(금강아산병원 인근 1층)

전용면적 3.3㎡ 기준 / 단위 : 만 원

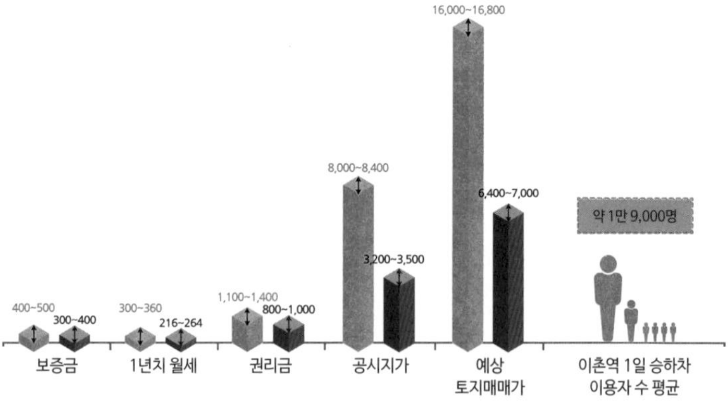

자료제공 : 상가의신

※ 현지 중개사무소를 방문 조사한 것으로 점포 입지에 따라 약간의 시세차가 있을 수 있습니다.

출처 : 국토교통부, 서울교통공사, 한국철도공사

이촌역이 위치하는 동부이촌동은 1960~70년대부터 상권이 형성되기 시작해 오랜 역사를 지닌 아파트 대단지가 자리하고 있다. 남쪽으로는 한강뷰와 함께 넓게 펼쳐진 이촌한강공원의 조망을 누리고 있으며 북쪽으로는 용산가족공원이 자리 잡고 있어 뛰어난 녹지 인프라를 자랑한다.

이촌역은 지하철 등 대중교통이 편리하고 강변북로를 통한 서울 전 지역으로의 접근성이 뛰어나다. 이러한 장점들로 인해 오래전부터 부촌이 형성되었고, 거주자들의 소득수준이 높아 이촌역 상권은 다른 상권보다 안정적이다.

이촌역 상권은 주민 이용률이 상당히 높은 상권으로 손꼽힌다. 아파트 진출입을 위해 반드시 지나가야 하는 진입로인 이촌로 대로변을 따라 약 1km가량 상업시설이 형성되어 주민들의 동선을 누수 없이 확실하게 흡수할 수 있기 때문이다.

주변에 대형 쇼핑시설이 없어서 이촌동에 거주하는 주민이라면 반드시 이용할 수밖에 없는 상권이어서 규모는 작지만 강소상권으로 분류할 수 있다. 인근 상인들 말에 따르면 경기 영향도 있겠지만 "과거 미군기지가 이전하기 전까지만 해도 외국인이 많았는데 미군기지 이전 등으로 외국인의 소비는 줄어든 모습을 보인다."고 한다.

용산구 대표 항아리(고립형) 상권

이촌역 주변으로 대단지 아파트들이 자리 잡고 있는데 대표적으로 이촌한강맨션아파트(660세대), 코오롱이촌아파트(834세대), 건영한가람아파트(2,036세대), LG한강자이아파트(656세대), 한강대우아파트(834세대), 이촌현대아파트(653세대) 등이 있다. 그 밖에 주변 주거 세대 등을 포함하면 약 1만여 세대의 뛰어난 배후수요를 확보하고 있다.

이촌동의 핵심 지역에 속하는 동부이촌동은 전형적인 배산임수 지형으로 남쪽에 강이 있고 북쪽으로는 남산이 위치한 풍수 지리적 명당에 속하며, 교통 및 주변 환경까지 갖춰진 강북 최고의 부촌으로 손꼽힌다.

이촌로 양쪽 인도에는 스트리트형, 아케이드 상가 등이 자리잡고 있는데 프랜차이즈 커피숍, 마트, 식당을 비롯해 은행, 병원, 제과점, 우체국 등의 다양한 편의시설이 있다. 이촌역 3-1번 출구 방면 스트리트형 중간 지점 거리 안쪽 골목에 점포가 다닥다닥 붙어 있는 노후된 재래시장인 이촌종합시장이 있는데 지금은 영업이 많이 위축되었다.

이촌1동은 이촌역 상권 중에서도 입지가 탁월하다. 지하철 4호선과 경의중앙선 환승역인 이촌역을 도보로 이용할 수 있고 강변북로, 한강대교, 동호대교 사이에 위치하여 강남, 여의도, 종로 등 주요 업무지역과의 접근성이 뛰어나다.

축구장, 농구장 등의 운동시설과 풍부한 녹지시설, 산책로를 갖춘 이촌한강공원과 용산가족공원, 국립중앙박물관 등을 도보로 이동할 수 있

이촌역 상권 월 평균매출 TOP 5 업종

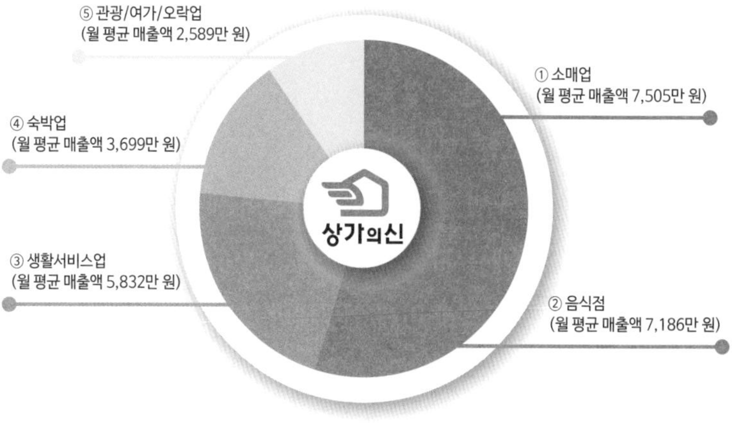

출처 : 소상공인진흥공단, 이촌역 상권 2018년 하반기 기준 매출통계자료 (조사일 : 2019.12.10)

어 주말이면 가족단위의 이용객이 많이 찾는다.

소상공인시장진흥공단의 2019년 인구분석 자료를 살펴보면 40대 유동인구가 21.1%로 연령별 비율 중 가장 높고 그 뒤를 이어 60대 20.3%, 30대 18.6%, 50대 18.2%, 20대 15.3%의 비율이다. 요일별 유동인구를 살펴보면 토요일에 16%로 유동인구가 가장 많으며 나머지 요일도 비슷한 모습이나 일요일에는 12%까지 떨어지는 것으로 나타났다.

이촌역 2번 출구 방면으로 나가면 국립중앙박물관이 바로 이어진다. 선사시대~조선시대까지 대한민국의 역사가 담긴 유물들이 전시돼 있고, 다양한 안내 프로그램도 운영한다. 야외정원에서는 석탑, 석비 등 다양한 미술품을 볼 수 있다.

이촌역 4번 출구에서 도보 5분 거리에 위치한 '재팬타운'은 서울에서 일본인들이 가장 많이 모여 사는 곳이다. 이 골목으로 들어가면 곳곳에 있는 일본 간판이 이국적인 정취를 선사하고, 일본인 셰프가 운영하는 음식점과 마트, 부동산 등 현지의 맛과 분위기를 느낄 수 있다.

특히 재팬타운은 이촌동에서 외부인의 흡입력이 강한 지역이다. 서울 도심 내에서 일본의 정취를 느낄 수 있는 곳으로 골목으로 들어가면 일본 식재료를 파는 점포인 '모노마트 이지쿡'과 일본식 가정식 '아지겐' 등 일본풍 인테리어로 꾸민 업소 등이 눈에 들어온다.

재팬타운 내 공인중개사사무소 관계자는 "지형적으로 이촌동은 로드 상권으로 아파트 단지 규모에 비해 인구대비 점포 수가 타 지역에 비해 적다. 그러다 보니 새롭게 들어오는 업종들을 주민들이 오가며 볼 수 있어 점포가 공사를 시작할 때부터 알게 된다."며 "입소문도 그만큼 빨리

퍼지는 곳으로 지역 상권 전체가 편하고 안락하며 동네가 조용하고 주민 간에 배려도 많아 마찰이 적다."고 말했다. 덧붙여 "오래된 점포도 많은 편이고 일본인들이 많이 거주해 일어, 영어가 자연스럽게 발달한 지역이다. 최근 노후아파트 개발로 일본인들이 조금씩 빠져나가는 상황이고 현재 이촌한강맨션아파트가 재건축을 앞두고 있다."고 전했다.

소상공인시장진흥공단의 2018년 하반기 매출통계 자료를 살펴보면 소매(월평균매출 7,505만 원), 음식(월평균매출 7,186만 원), 생활서비스(월평균매출 5,832만 원), 숙박(월평균매출 3,699만 원), 관광/여가/오락(월평균매출 2,589만 원) 순이다.

용산구 개발호재 등 상권의 변화 가속화

숙대입구역 주변으로 서울시 교육청이 이전하는 사업이 2022년까지 완료할 계획으로 진행 중이다. 미군기지 이전으로 미군의 철수가 완료돼 그 지역에 미국 대사관이 들어설 예정이다.

용산구의 대표적인 개발사업으로는 용산민족공원 조성사업이 있다. 용산에 위치했던 미군기지가 평택으로 이전하면서 국가도시공원이 들어설 예정이다. 용산민족공원 조성지구로 지정된 부지 면적은 여의도(290만m^2)보다 조금 작은 규모(243만m^2)로 생태 단지와 문화시설 단지가 어

우러진 커뮤니티 공간으로 꾸며질 전망이며 용산민족공원은 2027년 완공될 예정이다.

용산구는 2018년 12월 20일 용산역 전면 공원 지하공간 개발 협약을 체결하였다. 한강로2가 365번지 일대에 면적 1만 2,730m², 공원부지 5,797m²와 도로부지 6,933m²로 나뉜다. 이곳에 지하 2층, 연면적 2만 2,505m² 규모로 지하광장 및 보행로, 공용시설, 지하도상가, 주차시설, 기계·전기실을 만들 계획이다.

용산구 대표 한강 조망 아파트인 한강맨션은 사업시행인가를 앞두고 시공사 선정을 본격화했다. 재건축 사업을 통해 한강변에 총 1,451가구가 조성될 예정이다. 삼익아파트, 중산1차시범아파트, 왕궁아파트, 강변아파트, 강서아파트 등이 재건축을 준비 중이라 노후된 주변 환경이 정비될 것으로 보인다.

역세권과 항아리 상권은 점포 입점 지역으로 상가 투자자들이 선호하는 지역이다. 역세권은 유동인구가 많아 상권이 발달할 가능성이 있고 항아리 상권은 주변 아파트 단지를 배후수요로 두어 안정적이다. 다만 앞으로 용산구 미군기지 이전과 재건축을 앞두고 있어 이촌동 상권은 개발 완료 때까지는 유동인구가 순차적으로 크게 감소할 것으로 전망된다.

이촌동 상권은 300~400여 개의 점포로 구성되어 있다. 배후수요를 확보하여 빈 점포를 쉽게 찾아보기 힘들다. 임대료 및 권리금은 최근의 좋지 않은 경기를 감안하면 높게 형성된 편이다. 이촌역 상권에서 창업을 준비 중이라면 지역 상권에 맞는 점포의 위치와 업종 분석을 명확하게 한 뒤 창업을 해야 리스크를 줄일 수 있다.

이촌역 상권 상가 평균 시세 & 승하차인구 현황(가격 단위 : 만 원)

구분	A급 점포 (재팬타운 인근 1층)		A급 점포 (금강아산병원 인근 1층)	
	전용면적(㎡)	33	전용면적(㎡)	33
보증금	4,000~5,000		3,000~4,000	
월세	250~300		180~220	
권리금	11,000~14,000		8,000~10,000	
공시지가(3.3㎡)	8,000~8,400(이촌로72길)		3,200~3,500(이촌로89길)	
예상 토지매매가(3.3㎡)	16,000~16,800		6,400~7,000	
이촌역 1일 승하차 이용자 수 평균 : 약 1만 9,000명(출처 : 서울교통공사, 한국철도공사)				

※ 현지 중개업소를 방문 조사한 것으로 점포 입지에 따라 약간의 시세차가 있을 수 있습니다.

지하철 3·7·9호선이 교차하는 역세권

고속터미널역 상권

3·7·9호선 트리플 역세권, 터미널 종합상권 형성

고투몰·엔터식스 등 서울 최대 지하쇼핑센터 조성

구매력 큰 상권이지만 자본금 부담도 높아 창업 시 유의

지하쇼핑센터 특성상 여름과 겨울에 고객 몰림

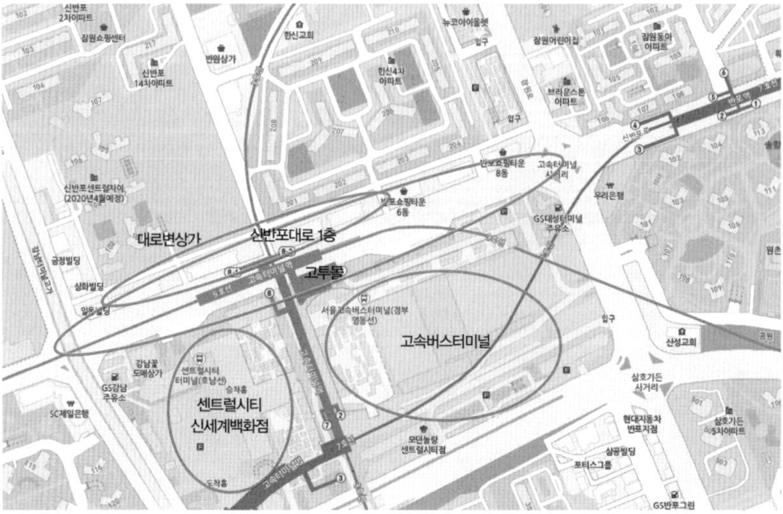

고속터미널역 상권 상가 평균 시세 & 승하차 인구

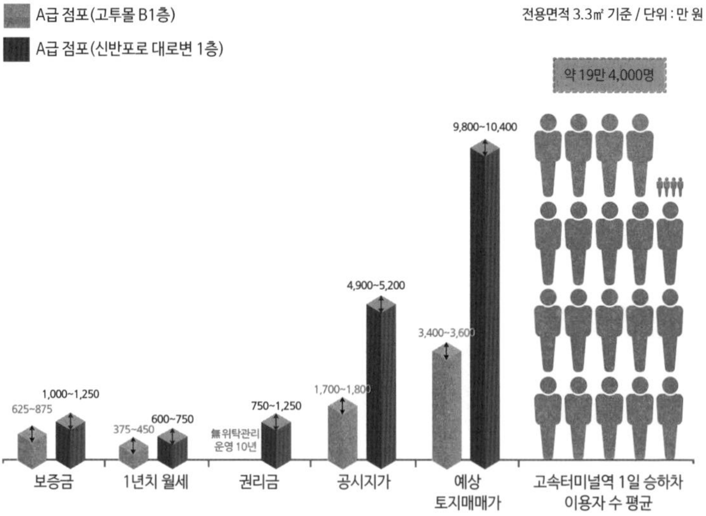

자료제공 : 상가의신

※ 현지 중개사무소를 방문 조사한 것으로 점포 입지에 따라 약간의 시세차가 있을 수 있습니다.
출처 : 국토교통부, 서울교통공사, 서울시메트로9호선

지방에서 서울로 올라오는 이들에게 철도의 종점으로 서울역과 용산역, 청량리역이 있다면 고속버스의 종점으로는 센트럴시티와 서울고속버스터미널이 있다. 강남에 위치한 고속버스터미널은 국내에서 가장 많은 버스노선이 운행하는 곳으로 서울의 광역 교통망을 책임지는 핵심 지역 중 한 곳이다.

센트럴시티는 호남선 고속버스의 서울 기·종점이며, 서울고속버스터미널은 경부선 고속버스의 서울 기·종점이다. 지하에는 지하철 3호선과 7호선 그리고 9호선의 환승역인 고속터미널역이 위치해 있다.

고속터미널역은 영동선과 경부선을 담당하는 서울고속버스터미널과 호남선을 담당하는 센트럴시티와 연계하기 위해 만들어진 역이다. 지방에서 강남터미널로 오는 고속버스를 타고 왔다면 가장 먼저 이용하는 지하철역이 위치한 곳이다.

서울의 대표 낙후 상권이었던 고속터미널역은 지하상가, 센트럴시티 등이 리뉴얼되며 상권에 활력을 불어넣고 있다. 고속터미널역 지하는 신세계백화점, 센트럴시티, 파미에파크, 메가박스, 고투몰, 엔터식스 등으로 이동하는 통로 역할을 하고 있다.

신세계백화점, 뉴코아 아울렛 내 다양한 고객층 유동

2016년 신세계백화점이 리뉴얼 오픈하면서 10~20대의 눈높이에 맞춘 영패션 명소인 파미에스트리트와 가족단위 고객을 위한 국내외 유명 음식점을 모은 파미에스테이션을 운영 중이다.

파미에스트리트는 90여 개 브랜드를 모은 국내 최대 규모의 스트리트 패션 전문관과 메가박스, 반디앤루니스, 식음료시설 등이 한데 어우러진 쇼핑 공간이다. 영화관, 서점, 지하철 게이트가 서로 연결되어 유동인구가 가장 많은 지역이다.

특히 파미에스테이션에는 전세계 10개국 30여 개 식음료 브랜드와 유명 상권의 대표 맛집 등이 입점해 있다. 오픈 당시부터 현재까지 큰 인기를 얻고 있으며 홍대·이태원 등의 맛집 11개를 새로 추가했다. 양식 전문점 '이사벨더부처', 한식뷔페 '올반', 브런치 카페 '멜던' 등 다양한 콘셉트의 음식점들이 위치해 있다.

20~30대 사이에서는 SNS를 통해 알려지며 인구 유입이 늘어나는 등 분위기가 활발하다. 파미에스테이션은 지하철역과 가까워 유동인구가 많고 20~30대의 고객이 많아 이들 세대에 인기있는 맛집을 늘렸다. 인스타그램을 보면 #파미에스테이션 게시물이 10만 개 이상, #파미에스테이션 맛집은 7,000개 이상의 게시물이 있다. SNS 속 인기만큼 파미에스테이션 내 점포들은 평일과 주말 상관없이 점심시간, 저녁시간에 예약을 하지 않으면 웨이팅이 필수이다.

고속터미널사거리 인근 잠원로변에 위치한 뉴코아아울렛은 쇼핑과 외식의 모든 것을 한곳에서 해결할 수 있는 복합 도심형 아울렛으로 강남지역 최대 규모이다. 이 지역은 가족단위 쇼핑객들이 다양하게 있는 상권 특성을 반영하여 가족형 외식공간과 식음료 매장을 입점시켜 운영 중

고속터미널역 상권 월 평균매출 TOP 5 업종

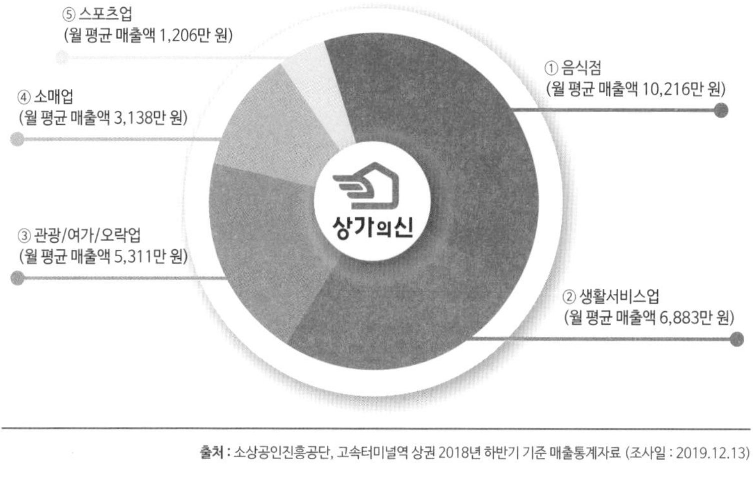

출처 : 소상공인진흥공단, 고속터미널역 상권 2018년 하반기 기준 매출통계자료 (조사일 : 2019.12.13)

이다.

이로 인해 10~20대 젊은층과 30~40대 등 다양한 연령층이 뉴코아아울렛을 이용한다. 뉴코아아울렛의 특징은 이랜드 유통점 최초로 외식 브랜드인 샹하오, 자연별곡, 수사, 로운, 피자몰, 애슐리가 뷔페관으로 한 번에 입점해 운영 중이라는 것이다.

소상공인시장진흥공단의 2019년 인구분석 자료를 살펴보면 20대 유동인구가 21.2%로 연령별 비율 중 가장 높고 그 뒤를 이어 30대 20.1%, 40대 18.8%, 60대 18.7%, 50대 16.2%의 비율이다.

유동인구 넘치는 트리플 역세권

고속터미널역 상권의 가장 큰 강점으로는 입지를 꼽을 수 있다. 3호선과 7호선, 9호선의 환승역으로 트리플 역세권이다. 1일 승하차 이용객만 약 19만 4,000명에 달하며 지하철 환승이용객과 고속버스, 일반버스 등 버스노선이 통과해 상권 전체의 유동인구는 더 많을 것으로 예상된다.

7, 9호선이 위치한 고속터미널역 지하상가는 2012년 리뉴얼 후 고투몰로 이름을 바꾸고 620개 점포가 깔끔하고 쾌적해진 분위기로 단장해 서울 지하상가 중 가장 인기를 누리는 상가로 탈바꿈했다. 고투몰은 저가의 의류부터 신발, 액세서리, 화장품, 가정용품, 꽃 등 다양한 물품을 판매하고 있다. 판매 제품은 보세의류가 주를 이루지만 프랜차이즈 화장

품점도 대거 입점해 있어 10~20대 유동인구가 많이 찾아 상권에 활기가 넘친다.

고투몰은 과거에 여름에는 덥고 겨울에는 춥다는 고객들의 불편사항을 수렴해 냉·난방 시설을 개선했고 기존의 낡은 설비들도 교체해 쾌적성을 높였다. 그리고 고투몰 양쪽 끝에 푸드코트를 조성해 고객의 편의를 높였다.

3호선 지하에 위치한 엔터식스는 고투몰, 신세계백화점 등과 차별화를 위해 가성비 높은 상품의 구매를 원하는 고객을 타깃으로 설정했다. 틈새시장을 공략하기 위해 중저가 브랜드 위주로 배치하여 지나가는 사람들의 발길을 사로잡고 있다. 엔터식스는 신세계백화점 출입구 세 곳과

맞닿아 있고, 고투몰과 신세계백화점 사이에 위치해 유동인구 확보가 뛰어나다.

노브랜드 역시 지하상가의 대표적인 쇼핑코스이다. 가성비 높은 상품으로 인근 거주자와 유동인구의 발길을 사로잡고 있다. 특히 노브랜드는 한국판 코스트코라는 입소문을 통해 다양한 연령층의 발길이 끊이지 않아 계산대는 항상 북적이는 모습을 보인다.

고속터미널역은 배후에 주거지역이 밀집해 있으며 편리한 접근성으로 인해 유동인구가 많고 주변에 구매력이 큰 대형 단지들이 자리 잡고 있다. 인근 세대수만 약 2만 세대 이상이다. 주변 거주자들 중에는 소득이 높은 전문직 종사자가 많다.

요일별 유동인구를 살펴보면 토요일에 16.6%로 유동인구가 가장 많으며 나머지 요일도 비슷한 모습이나 일요일에는 12.3%까지 떨어지는 것으로 나타났다. 한강공원과 서리풀공원 등이 도보권에 위치하여 가족 단위 쇼핑객이 많은 것이 특징이다.

땅값 비싸 창업 시 자본금 높음

고속터미널 상권은 편리한 접근성으로 인한 유동인구가 많고 구매력이 큰 입지이지만 땅값이 비싼 강남에 위치해서 초기 투자금이 높게 형성되어 있다. 신세계백화점, 지하상가 등이 중심으로 이끌고 도심으로 이동하는 터미널의 집객력이 뛰어난 상권이지만 소상공인들의 기준에는 자본금의 부담이 큰 상권이라고 할 수 있다.

고속터미널 상권에서 창업을 고려하고 있다면 지하상가, 백화점 내에 입점하는 것이 유리하다. 자본 면에서 부담이 크지만 배후수요 및 약 100만 명가량의 유동인구를 포함하는 상권으로 아이템 선정에 신경을 쓴다면 창업 시 안정적인 수입을 기대할 수 있다. 다만 수천 개의 점포와 경쟁해야 하고 지하쇼핑센터 특성상 고객들이 여름과 겨울에 많이 몰려 기복이 있다는 것도 유의해야 한다.

소상공인시장진흥공단의 2018년 하반기 매출통계 자료를 살펴보면 음식(월평균매출 1억 216만 원), 생활서비스(월평균매출 6,883만 원), 관광/

여가/오락(월평균매출 5,311만 원), 소매(월평균매출 3,138만 원), 스포츠(월평균매출 1,206만 원) 순이다.

퍼스티지공인중개사사무소 박상기 대표는 "신반포도로 점포의 경우 실면적이 적은 편이며 현실적으로 업종제한도 많아 창업 시 업종 선택을 잘해야 수익을 낼 수 있다."면서 "점포 수가 적어 희소가치로 인해 판매 업종의 경우 수요는 있지만, 주변 아파트 단지 특성상 학원자리 창업 문의가 많다."고 말했다. 덧붙여 "매물도 없지만 최근 경기가 예전만 못해 소비심리가 많이 위축된 분위기다."라고 했다.

고속터미널역 상권 상가 평균 시세 & 승하차인구 현황(가격 단위 : 만 원)

구분	A급 점포 (고투몰 B1층)		A급 점포 (신반포로 대로변 1층)	
	전용면적(㎡)	19~23	전용면적(㎡)	23~26
보증금	5,000~7,000		8,000~10,000	
월세	250~300		400~500	
권리금	없음. 위탁관리 운영 10년		6,000~10,000	
공시지가(3.3㎡)	1,700~1,800(잠원동110)		4,900~5,200(반포동19)	
예상 토지매매가(3.3㎡)	3,400~3,600		9,800~10,400	
고속터미널역 1일 승하차 이용자 수 평균 : 약 19만 4,000명 (출처 : 서울교통공사, 서울시메트로9호선)				

※ 현지 중개업소를 방문 조사한 것으로 점포 입지에 따라 약간의 시세차가 있을 수 있습니다.

4·7호선 환승역이자 배후수요와 유동인구가 풍부한

이수역 상권

서리풀터널 개통 후 교통여건 개선

동작구 대표적 상권 중 하나

더블 역세권 배후수요로 상권 활력 유지

점포입지에 따른 수지분석 이후 창업 실행 추천

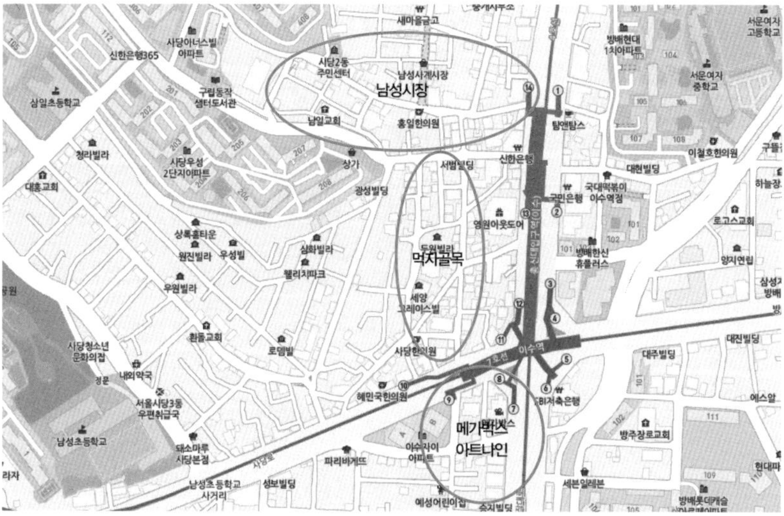

이수역 상권 상가 평균 시세 & 승하차 인구

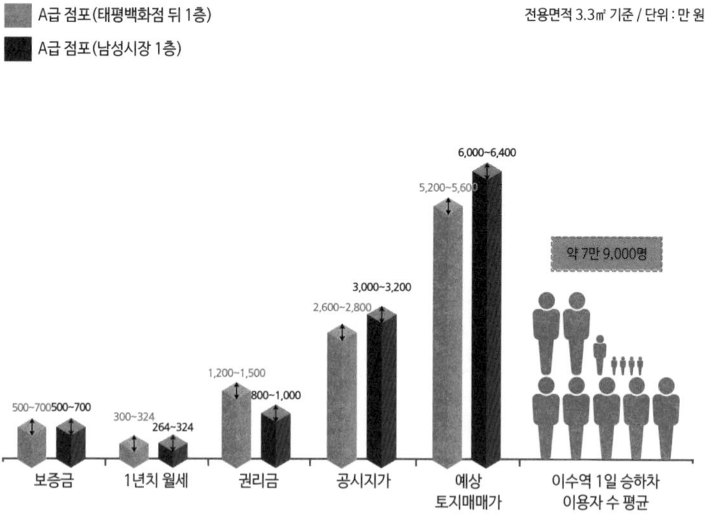

자료제공 : 상가의신

※ 현지 중개사무소를 방문 조사한 것으로 점포 입지에 따라 약간의 시세차가 있을 수 있습니다.

출처 : 국토교통부, 서울교통공사

동작구와 서초구의 경계에 있는 총신대입구(이수)역은 우리나라에서 유일하게 환승역 중 노선에 따라 이름이 다른 역이다. 4호선은 총신대입구(이수)역이지만 7호선은 이수역으로 표기하며 대부분의 사람이 이수역으로 인지하고 있다. 총신대입구(이수)역에서 총신대학과의 거리는 직선으로 1.3km 떨어져 있어 다소 거리가 있다. 총신대와는 7호선 남성역이 가장 가깝다.

이수역의 메인 상권은 태평백화점 뒤편으로 형성된 먹자골목부터 남성시장까지라고 할 수 있다. 이수역 주변으로 대규모 아파트 단지가 형성돼 있으며 지하철 4, 7호선 환승역으로 지역민을 포함한 배후수요 및 유동인구가 풍부한 곳이다.

이수역 상권은 동작구와 서초구를 잇는 대형 상권인 사당역 상권과 근접해 있는 몇 안 되는 대표적인 상권 중 하나이다. 인근에 경쟁력 있는 대형 쇼핑시설이 없어 지역 영업 기반의 태평백화점이 풍부한 고객흡입력을 갖춰 상권에 힘을 실어주는 것으로 보인다.

동작구 대표 상권인 태평백화점 이면 먹자골목 활발

1992년에 개장한 태평백화점은 현재까지 동작구 대표적인 만남의 장소 역할을 톡톡히 하고 있다. 백화점을 기준으로 대로변은 은행, 병원 등 생활 관련 판매 매장이 많고 프랜차이즈 매장도 입점해 있어 주간·야간 할 것 없이 유동이 활발하다.

이수역 13번 출구 방면 태평백화점 골목으로 들어가면 일대 대표 상권이라고 할 수 있는 먹자골목이 형성돼 있다. 상권의 규모는 그리 크지 않지만 다양한 프랜차이즈 매장은 물론 고깃집, 호프집, 주점, 노래방 등 다양한 업종이 성업 중이다. 인근 중학교, 고등학교 학생은 물론이고 대학생까지 10~20대의 유동이 가장 활발하다는 점이 특징이다.

점심시간 이후 10~20대가 즐겨 찾는 코인노래방과 오락실을 찾는 이용객이 증가하는 것으로 보이며, 저녁시간에는 20대 고객층의 유입이 많아 새벽시간까지도 활성화되는 곳이다. 먹자골목은 젊은 고객에 타깃을 맞춘 업종이나 점포가 많다. 골목을 살펴보면 한눈에 알 수 있을 정도로 유동인구가 많다.

이수역과 인접한 사당역은 30~50대 직장인이 많이 찾는 곳이지만 이수역 상권은 그보다 젊은층이 많이 찾는 지역으로 사당역까지 굳이 갈 필요 없는 일대 직장인들의 수요도 강세를 보인다.

동작구는 2018년 동작대로 27길 15의 260m 점포에 100여 개의 가로·돌출간판을 통일된 디자인의 경관조명 겸용 미디어간판으로 정비해 '동작액션미디어 거리'를 조성했다. 이로 인해 거리는 불법 간판이 없는 정비된 거리로 탈바꿈했다.

소상공인시장진흥공단의 2018년 하반기 매출통계 자료를 살펴보면 소매(월평균매출 7,505만 원), 음식(월평균매출 7,186만 원), 생활서비스(월평균매출 5,832만 원), 숙박(월평균매출 3,699만 원), 관광/여가/오락(월평균매출 2,589만 원) 순이다.

이수역 상권 월 평균매출 TOP 5 업종

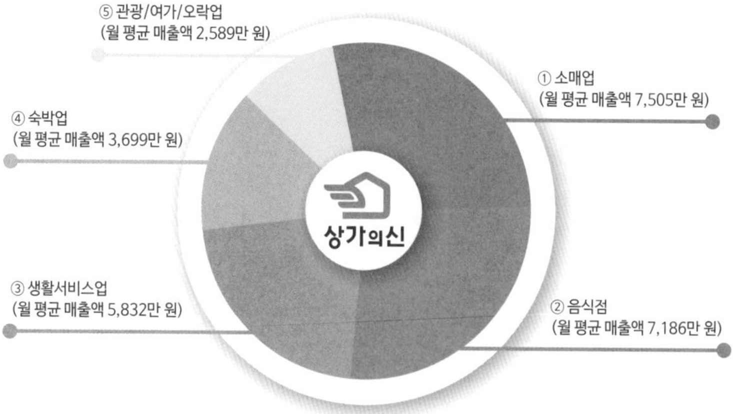

출처 : 소상공인진흥공단, 이수역 상권 2018년 하반기 기준 매출통계자료 (조사일 : 2019.12.13)

멀티플렉스 상권과 이수역 상권의 온도 차

이수역 7번 출구로 나오면 정면에 위치한 골든시네마 타워가 눈에 들어온다. 골든시네마 타워 7층에 위치한 메가박스는 대단지 배후수요를 두어 풍부한 집객력을 지닌 곳이다.

이수역 7번 출구 인근 상가는 태평백화점 주변과 차이점을 보인다. 메가박스 인근으로 상권이 발달하긴 하였으나, 상권이 더욱 크게 확장되지 못하고 골든시네마 타워 내에 입점한 매장만이 강세를 보이고 있다. 건물 내부로 들어가면 다양한 음식점, 영화관, 미용실, 카페, 헬스장, 병원 등이 입점해 있어 문화생활 및 편의시설 이용이 가능한 장점을 지닌다.

메가박스 아트나인은 독립영화관·예술영화관으로 일반 영화관에서는

볼 수 없는 영화들을 만나볼 수 있다. 아트나인은 쉽게 접할 수 없는 다양한 영화를 상영해 주는 상영관과 갤러리홀로 나뉜다. 갤러리홀은 여러 전시회를 즐길 수 있도록 구성해 멀티플렉스 공간으로 운영 중이다.

대단지 거주지역과 연결된 재래시장 상권

50년의 역사를 지닌 남성시장은 과거에 비해 규모 면에서는 많이 축소되었지만 대단지 배후수요를 기반으로 하루 평균 1만 5,000명 이상이 이용하는, 지역을 대표하는 재래시장의 명맥을 이어가고 있다.

이수역 14번 출구에 위치한 남성시장은 우성아파트 단지로 가는 길목에 위치해 있다. 인근 우성 1·2·3단지, 신동아, 극동, 롯데캐슬샤인, 이수역리가, 래미안아파트 등 9,000여 배후세대를 확보했으며 재래시장의 장점인 서민 타깃의 저가 매장 등 다양한 업종과 노점들이 들어서 있어 지역 내 생활밀착형 상권을 형성하고 있다.

생필품, 농산물, 고기류, 의류, 먹거리 점포는 물론 프랜차이즈 매장과 화장품, 저가 의류 판매점 등이 혼합되어 영업 중이다. 남성시장은 7일 상권으로 장을 보는 손님들의 발길이 끊이지 않는데 우성아파트와 직선으로 지하철과 연결돼 있어 퇴근시간 무렵에 더욱 활기찬 모습이다.

남성시장에 위치한 술집과 음식점 등은 30~50대의 연령층이 주로 이용하는 모습을 보인다. 먹자골목의 경우 시끄러운 분위기와 젊은층을 타깃으로 한 메뉴 구성을 보이기 때문에 30대 이상의 고객층은 먹자골목보다 구수한 분위기의 시장 상권을 선호하는 것으로 보인다.

소상공인시장진흥공단의 2019년 인구분석 자료를 살펴보면 40대 유동인구가 21.1%로 연령별 비율 중 가장 높고 그 뒤를 이어 60대 20.3%, 30대 18.6%, 50대 18.2%, 20대 15.3%의 비율이다. 요일별 유동인구를 살펴보면 토요일에 16%로 유동인구가 가장 많으며 나머지 요일도 비슷한 모습이나 일요일에는 12%까지 떨어지는 것으로 나타났다.

남성시장 골목 인근 대성부동산 김인수 대표는 "창업자가 최소 3개월 정도는 상권을 파악하고 점포입지에 따른 수지분석을 한 후에 창업해야 한다."라고 당부했다.

더블 역세권과
교통호재 눈길

이수역은 동작구와 서초구의 경계에 위치한 4, 7호선 더블 역세권으로 하루 약 7만 9,000명이 이용하는 지하철역이다. 또한 올림픽대로, 남부순환도로, 과천, 안양, 수원까지 연결되어 있어 풍부한 유동인구를 흡수하는 교통망을 확보하였다.

여기에 서초역~내방역을 일직선으로 연결하는 서리풀터널이 2019년 2월 개통되며 인근 부동산 시장에 활력을 불어넣고 있다. 터널 내부에는 왕복 6차로를 비롯해 자전거·보행자 겸용도로가 설치되었다. 서리풀터널로 인해 기존 출퇴근시간대에 25분 정도 걸리던 구간을 20분가량 단축해 5분이면 갈 수 있게 됐다.

동작구와 서초구의 경계에 있는 이수역 상권은 다른 유명 상권의 점포 시세와 비교해도 결코 가격이 저렴한 편은 아니다. 또한 먹자골목과 남성시장의 분위기, 주 고객층의 차이점 역시 분명하게 파악하고 창업을 준비해야 한다.

먹자골목에서 창업을 고려하고 있다면 주 연령층인 10~20대에 타깃을 맞추고 업종을 선정하는 것이 중요하다. 젊은 고객들은 유행에 민감하게 반응하기 때문에 현재 트렌드를 파악하고 영업 중인 경쟁 업종에 대해 꼼꼼하게 분석하는 것이 중요하다.

남성시장은 주요 시장 상권과 비슷하게 저렴한 가격을 경쟁력으로 내세우고 있으며, 주로 30~50대 주부들이 즐겨 찾는다. 인근에 거주하는 직장인들의 수요가 많아 이들에 맞는 아이템을 선정하는 것이 중요하고, 시장의 특성상 7일 상권의 모습을 띤다. 이러한 점들을 반영하여 업종 및 입지 선정에서 직접 발품을 팔고 창업해야 리스크를 최소화할 수 있다.

최근 대형 상권의 공실 증가와 최저임금 인상, 경기침체, 근로시간 단축 등 소비심리가 위축되고 자영업자들의 폐업률 또한 증가하는 추세이다. 이런 상황에서는 창업시장의 현재 흐름을 파악하고 보수적인 관점에서 상권 선점, 세부적인 창업 계획을 세워 접근해야만 성공 가능성을 높일 수 있다.

이수역 상권 상가 평균 시세 & 승하차인구 현황(가격 단위 : 만 원)

구분	A급 점포 (태평백화점 뒤 1층)		A급 점포 (남성시장 1층)	
	전용면적(㎡)	33	전용면적(㎡)	33
보증금	5,000~7,000		5,000~7,000	
월세	250~270		220~270	
권리금	12,000~15,000		8,000~10,000	
공시지가(3.3㎡)	2,600~2,800(태평백화점 뒤)		3,000~3,200(동작대로27가길)	
예상 토지매매가(3.3㎡)	5,200~5,600		6,000~6,400	
이수역 1일 승하차 이용자 수 평균 : 약 7만 9,000명(출처 : 서울교통공사)				

※ 현지 중개업소를 방문 조사한 것으로 점포 입지에 따라 약간의 시세차가 있을 수 있습니다.

강남과 강북 어디든 이동 편리한 더블 역세권

약수역 상권

고가 철거 후 미관 개선 및 상권 활성화

대단지 배후수요 품은 3·6호선 더블 역세권

특별계획구역 해제로 건축물 신축 가능 분위기

신당 8·9구역 재정비사업 및 접근성 우수

타 지역과 비교하면 상가 점포 수 적어 유리

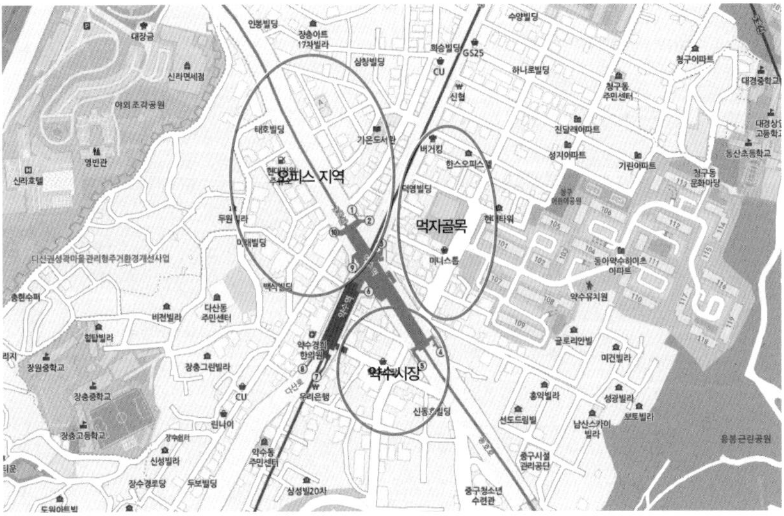

약수역 상권 상가 평균 시세 & 승하차 인구

A급 점포(3번 출구 이면 1층)
A급 점포(1번 출구 이면 1층)

전용면적 3.3㎡ 기준 / 단위 : 만 원

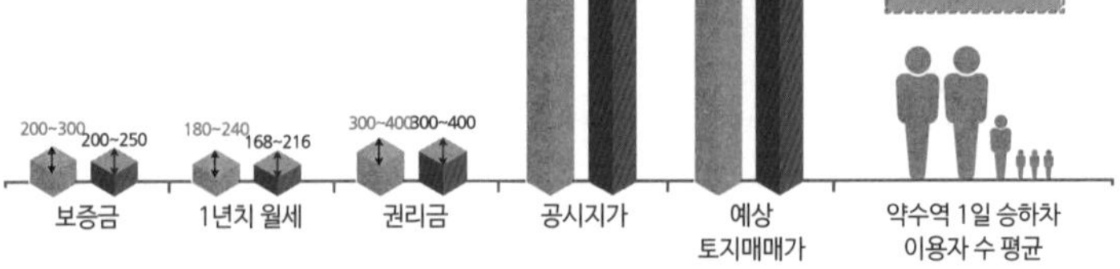

자료제공 : 상가의신

※ 현지 중개사무소를 방문 조사한 것으로 점포 입지에 따라 약간의 시세차가 있을 수 있습니다.
출처 : 국토교통부, 서울교통공사

서울의 중심부에 위치한 3, 6호선 더블 역세권 약수역은 강남과 강북 어디든 이동이 편리해 살기 좋은 동네로 꼽힌다. 편리한 교통망을 갖추고 있는 만큼 유동인구 및 탄탄한 배후세대를 확보한 곳이기도 하다.

서울 중구 약수동과 신당3동을 걸치고 있는 약수역 상권은 10대부터 60대까지 다양한 연령층이 이용하며, 지하철역을 중심으로 상권이 형성되어 여러 맛집과 대형 프랜차이즈 매장 등이 입점해 있다.

약수역 상권이 지금처럼 주목받기 시작한 것은 2014년 서울시가 약수역 고가도로를 철거하고 고가 아래에 동호로가 개통되면서부터이다. 고가도로 철거로 미관이 개선되고 집객력을 갖추며 유동인구가 증가했고 이를 통해 일대 상권도 활력을 찾아가고 있다.

어느 지역이든 차별화된 역사만큼이나 오래된 유명 맛집들이 곳곳에 있는데 약수역도 예외는 아니다. 약수역 8번 출구 바로 앞에 있는 '화수분' 빵집은 1983년부터 판매하기 시작해 생긴 지 40년이 다 되어가는데 단팥빵과 슈크림빵이 유명하다. 약수역 1번 출구 바로 앞 골목에 위치한 '가나안뼈해장탕'은 1983년부터 마장동에서 받아온 국내산 등뼈만 사용한다는 뼈해장국을 판매하고 있는데 오랜 세월만큼 유명한 맛집으로 알려져 있다.

탄탄한 배후수요 품은 상권

약수역을 중심으로 아파트와 단독주택, 중소형 오피스텔 등이 자리 잡고 있으며 약수역 주변 골목에는 연립 주택들이 위치해 있다. 약수역 상권은 대표적인 아파트로 남산타운 아파트 5,150세대, 동아약수하이츠 아파트 2,282세대, e편한세상옥수파크힐스 1,976세대, 금호두산아파트 1,267세대 등 탄탄한 배후수요를 확보한 지역이다.

풍부한 수요층을 배후에 두고 있으면서 고가도로의 철거로 유동인구의 접근성이 높아져 약수역 상권에 활력이 더해지는 상황이다. 대로변에는 대형 프랜차이즈 카페, 패스트푸드점 등이 입점하여 영업 중이다.

약수역 상권은 크게 세 곳으로 나눌 수 있다. 앞서 말한 대로변 상권에 이어 약수역 3번 출구 이면에 ㄱ자 형태로 된 골목상권도 대표 상권으로 꼽을 수 있다. 카페, 편의점, 식당 등이 영업 중이며 아파트 단지 앞에 위치하여 공인중개사사무소가 다수 입점해 있다.

약수역 6번 출구와 5번 출구 이면에 위치한 약수시장 골목에도 상권이 형성돼 있다. 시장 골목에는 식당, 미용실 등이 영업 중이며 노후화된 건물이 많아 현재 주상복합 개발사업이 진행 중이다.

약수역에서 동대입구 방면으로 가는 길목에는 오피스 빌딩이 많고, 오피스 상주 직원들로 점심시간에는 북새통을 이루며, 여의도 상권의 이미지도 연상된다.

소상공인시장진흥공단의 2018년 하반기 매출통계 자료를 살펴보면

약수역 상권 월 평균매출 TOP 5 업종

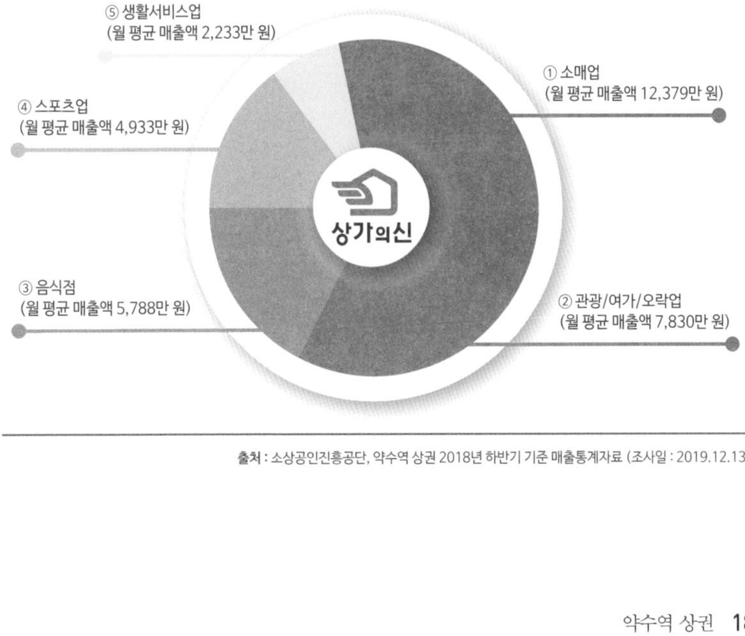

출처 : 소상공인진흥공단, 약수역 상권 2018년 하반기 기준 매출통계자료 (조사일 : 2019.12.13)

소매(월평균매출 12,379만 원), 관광/여가/오락(월평균매출 7,830만 원), 음식(월평균매출 5,788만 원), 스포츠(월평균매출 4,933만 원), 생활서비스(월평균매출 2,233만 원) 순이다.

연립 주택 및 오피스텔이 역 주변에 밀집해 있고, 대단지 아파트가 자리 잡고 있어 먹자상권의 발달에 한계가 있어 보인다. 또한 시장 주변은 노후화된 건물이 많아 업종에도 제한이 있어 보인다.

하지만 20~60대까지의 다양한 연령층이 이용하는 지역인 데다 대단지 배후수요를 등에 업고 있어 고정유효 수요가 있어 평일, 주말 할 것 없이 상권이 활기찬 모습이다.

약수역이 속한 신당동은 장충체육관, 신라호텔, 신라면세점, 국립극장, 동국대학교 등이 자리 잡고 있어 집객력이 뛰어나다. 여기에 장충초, 청구초, 장원중, 장충중, 대경중, 장충고, 대경상업고 등이 있어 낮 시간에 학생대상 분식점 등이 성업 중이다. 또한 주말에는 가족단위로 식사하는 모습도 보인다.

소상공인시장진흥공단의 2019년 인구분석 자료를 살펴보면 20대 유동인구가 25.1%로 연령별 비율 중 가장 높고 그 뒤를 이어 30대 19.9%, 60대 18.6%, 40대 17%, 50대 14.3%의 비율이다. 요일별 유동인구를 살펴보면 화요일에 15.2%로 유동인구가 가장 많으며 나머지 요일도 비슷한 모습이나 일요일에는 9.9%까지 떨어지는 것으로 나타났다.

신당동 8·9구역 재정비사업, 접근성 우수한 교통망

서울의 중심부에 위치한 약수역은 서울 어느 지역과도 접근성이 좋은 직주근접 입지를 지녔다고 할 수 있다. 대중교통 및 자가용을 이용해 강남·강북으로 이동이 편리하며, 특히 교통만큼은 서울 시내 어디와 견주어도 훌륭한 수준으로 평가받고 있다.

금호역과 옥수역의 경우 재개발이 진행되어 주변 경관 및 상권이 깔끔하게 정리된 모습이지만 약수역의 경우 다수의 노후건물에 대한 정비가 필요해 보인다.

인근 신당8구역의 경우 주택재개발 정비사업이 진행 중으로 신당동 321번지 일대 5만 8,334m^2 면적에 총 1,215세대(임대 183세대)가 들어설 예정이다. 이 사업지는 청구역 초역세권에 위치하며 도보 10분 거리에 약수역, 동대문역사문화공원역, 청구역, 신당역 등이 이용 가능하다.

또한 신당동 432 일대 1만 8,653m^2 신당9구역에 대한 조합설립인가가 승인됐다. 앞으로 재개발사업 절차에 따라 정비계획 변경, 사업시행인가, 관리처분인가 절차를 거쳐 실제 공사에 들어갈 전망이다.

신당8구역과 9구역 등의 정비사업이 활발히 진행되고 있기 때문에 사업이 완료되면 청구역은 물론 약수역 등 인근에 위치한 상권들에도 활력이 더해질 것으로 기대된다.

약수역 상권에서 창업을 고려하고 있다면 약수역 1, 10번 출구 정면 동대입구 방면을 추천할 만하다. 노후화된 약수역 일대에서 유일하게 신축건물 및 오피스가 밀집돼 있어 음식업종이 창업 시 유리할 것으로 보인다.

약수역은 아직 굵직한 개발 계획이 정해지지는 않았다. 하지만 인근 금호, 옥수, 청구 등 지역에서 개발이 진행되며 간접적인 효과를 톡톡히 보고 있다. 앞으로 상권이 크게 확장되기에는 부족한 점이 많지만 유동인구 및 배후수요를 확보하고 있어 집객력을 모을 수 있는 아이템을 선정해 창업한다면 리스크를 줄일 수 있을 것으로 보인다.

이곳 사정에 밝은 약수역 3번 출구 인근 약수역점 '부동산랜드' 공인중개사 김향숙 대표는 "아파트 2만 400세대를 끼고 있는 지역으로 인근 동대문구와도 가까워 신혼부부들의 상주 비율이 높고 원룸도 많이 있다."면서 "지리적으로 서울의 중심지에 위치하고 있어 대기업 직원, 전문직 종사자들과 금융 업종이 몰려 있어 소득수준과 소비성이 높은 편이다."라고 말했다.

덧붙여 "이곳은 대형 상권은 없어 타 지역과 비교하면 상가 점포 수가 많지는 않으나 커피숍은 점포 수 대비 많은 편이다. 돼지고깃집, 순댓국과 같은 중·저가 음식점들이 잘되는 편이다."라며 "오래된 식당들이 군데군데 있고 지역주민들의 이주가 적은 편이다 보니 건물들은 융자가 적고 대체적으로 기복도 적은데, 창업 시 주민들의 성향을 잘 파악해야 한다."고 조언했다.

약수역 상권 상가 평균 시세 & 승하차인구 현황(가격 단위 : 만 원)

구분	A급 점포 (3번 출구 이면 1층)		A급 점포 (1번 출구 이면 1층)	
	전용면적(㎡)	33	전용면적(㎡)	33
보증금	2,000~3,000		2,000~2,500	
월세	150~200		140~180	
권리금	3,000~4,000		3,000~4,000	
공시지가(3.3㎡)	2,900~3,200(동호로10길)		2,600~2,800(동호로14길)	
예상 토지매매가(3.3㎡)	5,800~6,400		5,200~5,600	
약수역 1일 승하차 이용자 수 평균 : 약 2만 8,000명(출처 : 서울교통공사)				

※ 현지 중개업소를 방문 조사한 것으로 점포 입지에 따라 약간의 시세차가 있을 수 있습니다.

금융기관 및 관련업체가 밀집한

삼성역 상권

코엑스몰·현대백화점 리뉴얼 후 방문객 증가

삼성동 일대 지하화 사업 진행으로 부동산 가치 높아짐

한전, 한수원 등 공기업 지방 이전 후 분위기 하락

오피스 상권 외부 이탈 적어 충성고객 확보 필수

삼성역 승하차 인구 및 유동인구 많음

삼성역 상권 상가 평균 시세 & 승하차 인구

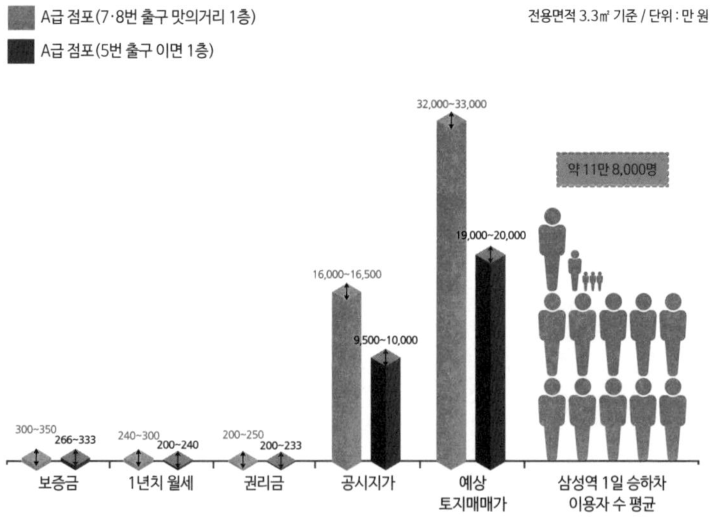

자료제공 : 상가의신

※ 현지 중개사무소를 방문 조사한 것으로 점포 입지에 따라 약간의 시세차가 있을 수 있습니다.
출처 : 국토교통부, 서울교통공사

삼성역은 과거 농업지역에서 본격적인 개발이 진행되며 1984년 무역센터 개발 계획을 통해 금융기관 및 관련업체들의 유입이 시작됐다.

삼성역 상권은 강남구의 대표오피스 상권으로 골목상권과 지하상가 등이 잘 발달된 곳이다. 삼성역은 강남구의 대중교통 요지로 자리 잡았으며 1일 승하차 인원만 11만 명 이상이다. 그리고 삼성역을 대표하는 코엑스가 위치해 있는 곳이기도 하다. 삼성역과 봉은사로역 사이에 위치한 코엑스는 2014년 국내 첫 MICE(기업회의·포상관광·컨벤션·전시회) 관광특구로 지정되었다.

역 주변에는 백화점과 쇼핑몰은 물론 전시·컨벤션센터와 호텔, 카지노, SM TOWN, 아쿠아리움, 메가박스가 위치하여 쇼핑, 먹을거리, 볼거리 등을 한곳에서 간편하게 이용할 수 있다.

코엑스몰, 현대백화점 리뉴얼 후 좋은 분위기

삼성역 일대 집객력의 중심인 코엑스몰은 아시아 최대 지하 쇼핑몰로 자리를 지켜왔지만 노후화된 시설과 고객들의 다양한 요구를 충족하기 위해 리모델링 공사를 진행하여 2014년 리뉴얼 오픈했다.

현재 코엑스몰은 신세계프라퍼티가 위탁운영하며 스타필드 코엑스몰로 이름을 바꾸었다. 리모델링 후 기존의 복합쇼핑몰을 넘어 문화, 예술, 쇼핑, 관광이 함께 어우러진 공간으로 새롭게 바뀌어 운영되고 있다.

코엑스몰 내 가장 눈길을 끄는 것은 코엑스몰 중심에 있는 복합 문화 공간 '별마당도서관'이다. 도서관은 연면적 2,800m², 2개 층 규모이며 무료로 운영 중이다. 이를 통해 코엑스몰은 풍부한 집객효과를 얻고 있다.

기존에 미로처럼 복잡하다는 지적을 받던 코엑스몰에 별마당도서관이 들어서면서 과거보다 길을 찾기 쉬워졌고 죽어 있던 공간이 살아나는 효과도 큰 것으로 보인다. 인스타그램에는 별마당도서관을 주제로 한 게시글이 9만 6,000개가량 등록되어 있어 사진 찍고 공유하기 좋아하는 젊은 층을 중심으로 큰 인기를 얻고 있는 것으로 보인다.

패션 브랜드로는 자라, 유니클로, H&M, 오이쇼 등 SPA 빅 브랜드를 비롯해 힙한 감성의 스트리트 패션과 컬트 브랜드, 뷰티홀릭을 사로잡는 뷰티 브랜드에서 라이프스타일까지 총 320여 개 브랜드가 입점해 영업 중이다. 여기에 식음료 매장은 미국식 아시안 비스트로 피에프창, 폭탄피자, 더플레이스, CJ푸드월드 외에도 커피 문화를 이끈 테라로사와 스타벅스 리저브 등 국내외 맛집과 카페 100여 곳이 영업 중이다.

대형 쇼핑몰의 필수매장이라고 할 수 있는 영화관(메가박스 코엑스몰점)과 대형 서점(영풍문고)이 들어서 있으며 아쿠아리움과 브릭라이브, KPOP의 홍보공간인 SM엔터테인먼트의 SM아티움이 위치한다. 그 밖에도 전시공간과 호텔 등 다채로운 문화공간 시설들이 어우러져 있다.

현대백화점 무역센터점의 경우 면세점을 개장하며 인기몰이 중이다. 삼성역 일대 코엑스 내 전시·컨벤션센터와 특급호텔인 그랜드인터컨티넨탈 서울파르나스, 세븐럭 카지노, 코엑스몰, 백화점, 도심공항터미널이 위치한 만큼 삼성역 일대는 면세점이 들어서기에 최적의 입지조건이다.

삼성역 상권 월 평균매출 TOP 5 업종

출처 : 소상공인진흥공단, 삼성역 상권 2018년 하반기 기준 매출통계자료 (조사일 : 2019.12.13)

면세점이 오픈하며 인구 유입이 증가하고 있어 시너지 효과를 톡톡히 누리고 있다.

소상공인시장진흥공단의 2019년 인구분석 자료를 살펴보면 40대 유동인구가 23.8%로 연령별 비율 중 가장 높고 그 뒤를 이어 30대 23.3%, 50대 17.9%, 60대 16.2%, 20대 14.8%의 비율이다. 요일별 유동인구를 살펴보면 화요일에 17.8%로 유동인구가 가장 많으며 나머지 요일도 비슷한 모습이나 일요일에는 7.7%까지 떨어지는 것으로 나타났다.

국제교류복합지구 조성 예정,
개발 계획 풍부

삼성동 일대에는 대규모 개발 계획이 추진 및 진행 중이다. 대표적으로 국제교류복합지구, 현대자동차그룹의 글로벌비즈니스센터(GBC), 영동대로 지하 복합환승센터 개발사업 등이 있다. 모두 서울시 주도로 시행되고 있다.

서울시는 현재 코엑스~현대자동차그룹 신사옥(GBC)~잠실종합운동장 일대 199만m^2에 국제업무·스포츠·엔터테인먼트 관련 시설을 집결시키는 '국제교류복합지구' 사업을 추진 중이다.

현대자동차그룹 글로벌 비즈니스센터(2023년 예정)는 당초 2017년 착공해 105층 사옥과 공연장, 전시시설, 컨벤션, 호텔, 업무시설 등이 계획되었으나 현재 사업이 지연되고 있다. 계획안대로 완공되면 높이 569m

로 롯데타워를 넘어 국내 최고 높이로 건립된다.

삼성역 상권을 뒷받침하는 것은 교통망이다. 코엑스몰을 중심으로 양쪽에 지하철 2개 노선(2 · 9호선)을 비롯해 48개 버스노선, 공항 리무진, 강남 투어버스 등이 연결돼 있고, GTX와 고속철도(KTX) 위례~신사선 등 6개 철도노선도 신설될 예정이다.

서울시가 추진하는 지하도시 건설사업으로 삼성동 일대에 영동대로 지하공간 복합개발사업이 진행 중이다. 서울시는 오는 2023년까지 지하철 2호선 삼성역과 9호선 봉은사역에 이르는 영동대로 지하에 복합환승센터를 완성시킨다는 계획이다.

지하 개발이 완료되면 현대자동차그룹 글로벌비즈니스센터(GBC)와 코엑스 지하공간이 연결돼 잠실야구장의 30배에 달하는 연면적 총 41m²의 지하도시가 만들어진다. 대규모 복합환승센터인 만큼 향후 지하도시에는 삼성~동탄 광역급행철도, KTX 동북부연장선, 위례~신사선, GTX-A, GTX-C, 남부광역급행철도 등 6개 광역 지역 철도를 탈 수 있는 통합역사가 들어설 전망이다.

삼성역 인근 이면 도로 먹자상권 형성

삼성역 3, 4번 출구 오피스 빌딩 이면에는 고깃집, 한식, 중국집, 치킨집, 주점 등 먹자상권이 형성돼 있다. 테헤란로를 따라 대로변에는 대형 오피스 빌딩이 밀집돼 있기 때문에 점심과 퇴근시간 이후에 직장인들이 주로 이용한다.

삼성역 1, 2번 출구 방면은 파크하얏트호텔에서 강남운전 면허시험장 방향으로 이면에 먹자골목이 형성돼 있다. 우측으로 동부간선도로가 있고 주거지역이 거의 없는 오피스 밀집지역으로 주변 직장인들과 면허시험장에 방문하는 사람을 대상으로 하는 업종이 입점해 영업 중이다.

삼성역 7, 8번 출구 방면에도 현대그룹부지 방향으로 대로변과 이면에 주점과 음식점 등의 상권이 형성되어 있다. 과거에는 공공기관 및 오피스 밀집지역으로 직장인들의 수요가 풍부했다. 현재 한전, 한수원, 현대산업개발 등이 이전하며 주변 부동산 시장은 호황기를 누리고 있지만 일

대 상인들의 분위기는 상반된다. 기업 이전으로 유동인구가 줄고 고객들이 빠져나가 매출 감소로 문을 닫는 가게도 늘어나고 있다.

소상공인시장진흥공단의 2018년 하반기 매출통계 자료를 살펴보면 생활서비스(월평균매출 6,921만 원), 소매(월평균매출 6,003만 원), 음식(월평균매출 5,038만 원), 관광/여가/오락(월평균매출 3,843만 원), 숙박(월평균매출 1,769만 원) 순이다.

코엑스몰과 현대백화점은 리뉴얼 이후 쇼핑, 문화, 먹을거리 등을 원스톱으로 이용할 수 있어 방문객이 꾸준히 증가하고 있다. 반면에 현재 추진 중인 현대자동차그룹 글로벌비즈니스센터 인근 상권의 경우 코엑스 일대와는 온도 차가 난다. 현대자동차그룹 글로벌비즈니스센터 개발이 추진 중이지만 아직 준비 단계이기 때문에 당분간 인근 상권의 정체로 유동인구가 충분치 않아 창업 시 리스크가 클 수밖에 없다.

따라서 삼성역 상권에서 창업을 고려하고 있다면 안정성과 집객력을 갖춘 코엑스몰과 현대백화점에 입점하는 것이 비교적 안전할 수 있다. 하지만 삼성역 상권의 경우 높은 임차료로 초기 점포 확보 비용과 고정월세 등의 부담금이 높게 형성돼 있기 때문에 매출 계획을 통해 성장성이 높은 아이템을 가지고 창업하는 것이 바람직하다.

삼성역 상권 상가 평균 시세 & 승하차인구 현황(가격 단위 : 만 원)

구분	A급 점포 (7·8번 출구 맛의 거리 1층)		A급 점포 (5번 출구 이면 1층)	
	전용면적(㎡)	66	전용면적(㎡)	99
보증금	6,000~7,000(상권 정체중)		8,000~10,000	
월세	400~500(상권 정체중)		500~600	
권리금	4,000~5,000(상권 정체중)		6,000~7,000	
공시지가(3.3㎡)	16,000~16,500(영동대로96길)		9,500~10,000(테헤란로87길)	
예상 토지매매가(3.3㎡)	32,000~33,000		19,000~20,000	
삼성역 1일 승하차 이용자 수 평균 : 약 11만 8,000명(출처 : 서울교통공사)				

※ 현지 중개업소를 방문 조사한 것으로 점포 입지에 따라 약간의 시세차가 있을 수 있습니다.

3·8호선 교차하는 1차 식품 도매시장

가락시장역 상권

송파구 대표 상권

성동구치소 이전 부지 개발 진행

오피스·주거 혼재 상권 활력

사통팔달 교통망 경전철 위례신사선 예정

가락시장·가락몰·롯데마트 등 편의시설 풍부

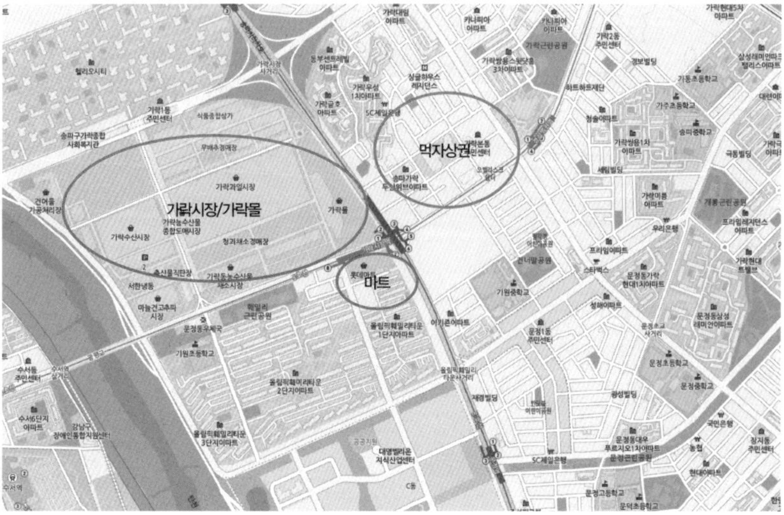

가락시장역 상권 상가 평균 시세 & 승하차 인구

A급 점포(3·4번 출구 이면 1층)
A급 점포(8번 출구 이면 1층)

전용면적 3.3㎡ 기준 / 단위 : 만 원

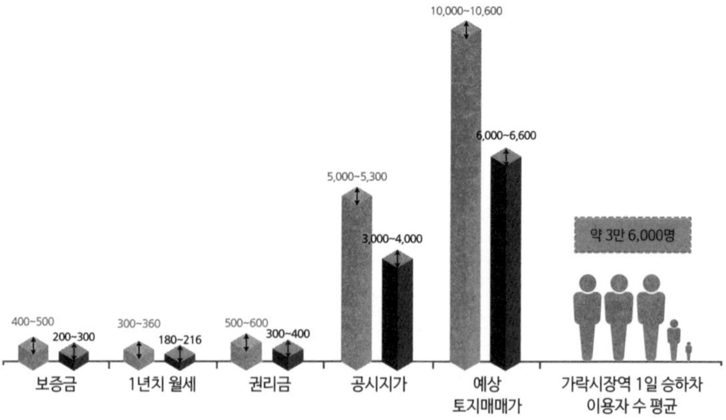

자료제공 : 상가의신

※ 현지 중개사무소를 방문 조사한 것으로 점포 입지에 따라 약간의 시세차가 있을 수 있습니다.

출처 : 국토교통부, 서울교통공사

가락시장역은 3, 8호선 더블 역세권으로 1일 승하차 이용객 4만여 명이 활용한다. 가락시장은 우리나라 최대의 1차 식품 도매시장으로 도·소매를 하려는 사람들의 이동이 많은 곳이다.

가락동은 동쪽으로 오금동·거여동과 연결되어 있고, 서쪽으로 수서동, 남쪽으로 문정동, 북쪽으로 석촌동과 송파동이 인접해 있다. 가락동은 고밀도 주거지역으로서 농수산물도매시장이 인접해 관련 업종 종사자가 많이 거주하는 곳으로 알려졌다.

가락시장역 인근에는 대단지 아파트가 자리 잡고 있다. 올림픽훼밀리타운아파트(4,494세대), 헬리오시티아파트(9,510세대), 가락금호아파트(915세대), 가락우성1차아파트(838세대) 등 약 1만 6,000세대와 주택 등 거주인구가 많은 지역이라 할 수 있다.

가락시장역 상권은 약 3만 명에 달하는 상주인구와 10만여 명의 유동인구가 고정적으로 확보되어 있어 안정적인 상권으로 자리 잡았다. 3호선 연장 개통 후 경찰병원역까지 상권이 전체적으로 확장 중으로 보인다. 그리고 성동구치소 이전 등 이전부지 개발사업으로 주변 환경이 개선되고 있다.

교통망으로는 서울외곽순환고속도로와 동부간선도로, 올림픽대로, 분당수서간도시고속화도로, 용인서울간고속도로 등으로 진입이 수월해 서울 곳곳과 타 지역으로 이동이 용이하다. SRT 수서역이 가깝고 서울 경전철 위례신사선이 개통되면 앞으로의 교통 편의성은 더욱 좋아질 전망이다.

대단지 배후수요 확보한 복합상권

가락동의 메인 먹자상권으로는 가락시장역 3, 4번 출구부터 시작해 국립경찰병원까지 이어지는 상권을 꼽을 수 있다. 대로변 오피스 빌딩 1층에는 H&B(헬스 앤 뷰티 스토어) 매장, 중소형 프랜차이즈 매장, 은행 등 다양한 식당과 편의시설이 자리 잡고 있다.

골목으로 들어가면 직장인의 점심을 책임지는 식당부터 저녁시간 1차 회식 장소인 음식점과 술을 즐길 수 있는 식당과 호프집 등이 위치해 있다. 이 골목은 가락시장역 주변에서 단란주점이 많이 분포되어 있는 곳이다. 노래방, 유흥주점, 게임장 등 성인들을 위한 시설이 다수 분포되어 있고 10~20대의 유동인구는 적다.

가락시장역 7번 출구에 위치한 롯데마트 송파점은 대단지 배후수요를 확보해 항상 많은 고객의 발길이 이어진다. 특히 롯데마트 뒤편에 올림픽훼밀리타운아파트(4,494세대)가 도보권으로 연결되어 아파트 주민들이 단지 내 상가처럼 편리하게 이용하고 있다.

소상공인시장진흥공단의 2019년 인구분석 자료를 살펴보면 40대 유동인구가 21.5%로 연령별 비율 중 가장 높고 그 뒤를 이어 30대 21.1%, 50대 20.3%, 60대 20.1%, 20대 12.4%의 비율이다. 요일별 유동인구를 살펴보면 금요일에 16.3%로 유동인구가 가장 많으며 나머지 요일도 비슷한 모습이나 일요일에는 10%까지 떨어지는 것으로 나타났다.

가락시장역 6번 출구로 나와 대로변을 따라 걷다 보면 올림픽훼밀리

가락시장역 상권 월 평균매출 TOP 5 업종

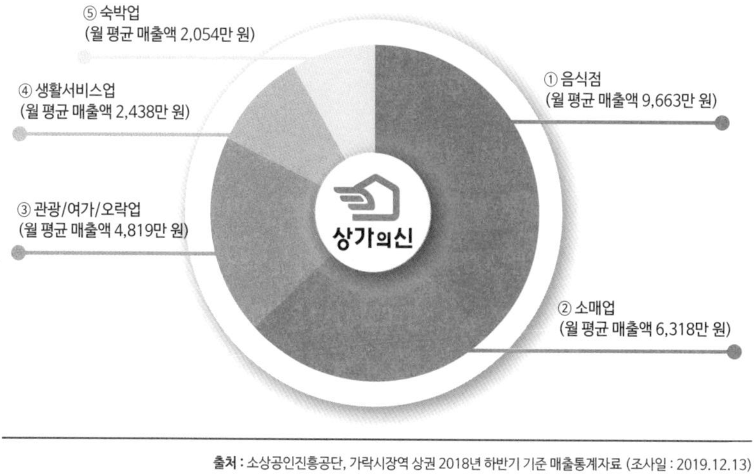

출처 : 소상공인진흥공단, 가락시장역 상권 2018년 하반기 기준 매출통계자료 (조사일 : 2019.12.13)

타운사거리가 나오고 동쪽 방향에는 문정동로데오거리가 있다. 문정동로데오거리는 1990년대 초에 브랜드 의류 재고매장이 들어오면서 상권이 형성돼 당시 송파구 대표 상권 중 하나로 손꼽힐 정도로 발달했다.

대로변에 의류 상설할인매장 등 다양한 매장이 나란히 늘어서 있으나 온라인 쇼핑몰의 발달과 복합 쇼핑몰이 들어서며 현재는 상권이 많이 약해졌다. 또한 대로변에 위치했지만 주차시설이 부족해 구매객들의 발길이 줄어드는 모습이다.

소상공인시장진흥공단의 2018년 하반기 매출통계 자료를 살펴보면 음식(월평균매출 9,663만 원), 소매(월평균매출 6,318만 원), 관광/여가/오락(월평균매출 4,819만 원), 생활서비스(월평균매출 2,438만 원), 숙박(월평균매출 2,054만 원) 순이다.

가락시장·성동구치소 개발에 상권 기대감 고조

서울시농수산식품공사가 운영하는 국내 대표적 농수산물 도매시장인 가락시장은 1985년 개점하여 2013년에 서울시 미래유산으로 등재될 만큼 역사와 전통이 깊다. 2009년부터 노후시설 재건축, 유통 비용 절감을 위한 물류시설 확충을 목표로 현대화사업을 시작했다. 2015년 2월 1단계 사업 시설물인 가락몰이 준공되어 직판상인들이 가락몰로 이전을 완료하였고, 청과직판상인 일부가 이전해 영업 중이다.

가락몰은 기존의 낡고 냄새나는 시장의 모습이 아닌 현대식 구조로 쾌적한 환경을 자랑한다. 가락몰은 연면적 21만 958m² 규모로 기존 도매시장 내에 혼재되어 있던 청과·수산·축산·건어·친환경·식자재 및 주방용품 등을 편리하게 원스톱 쇼핑이 가능하도록 '판매동'과 한국의 대표 먹거리 및 식문화 체험을 할 수 있는 5개 '테마동'으로 구성했다.

또한 가락몰 홈페이지를 통해 주요 농축산물 소매가격을 소비자에게 공개하고 있다. 여기에 앞으로 2, 3단계 사업 진행 예정으로 시장 전체가 깔끔하게 정비될 것으로 보인다.

서울시는 과거에 성동구치소가 자리 잡고 있어 기피시설로 여겨졌던 송파구 한복판에 있는 7만 8,758m² 규모의 부지를 정부의 9·21 부동산

대책에 넣어 신혼희망타운 등 공공주택을 짓겠다고 발표했다. 성동구치소부지는 서울시와 SH공사가 개발 계획을 진행 중이다.

가락시장역 주변에는 풍부한 녹지지역이 자리 잡고 있다. 서쪽으로 탄천이 흐르고 있고, 훼밀리근린공원, 건너말공원, 비석거리공원, 봉우리어린이공원, 팔각정 어린이공원, 문정근린공원 등 크고 작은 공원들이 자리 잡고 있다.

가락시장역 상권은 녹지지역, 편의시설 등 풍부한 거주 인프라가 확보되어 상권에서의 이탈이 적고 오피스 상주인구 등도 상권 내에서 소비를 하는 모습이다. 가락시장역 상권에서 창업을 고려하고 있다면 가락시장역 3, 4번 출구 방면 먹자골목에 창업할 것을 추천한다. 현재 장기간 영업하는 점포도 다수 분포되어 있고 점심·저녁 시간 할 것 없이 활기찬 곳이다. 다만 상권의 업종 분포도를 미리 발품 팔아 확인하고 인근 부동산중개업소 등에 방문해 직접적으로 조사가 필요할 것으로 보인다.

창업·투자자 입장에서 상권과 입지 분석은 사전에 확인해야 할 중요한 사항들이다. 관심 있는 2~3개 지역을 정해 세부적인 내용을 기록하면서 수치화하고 분석값을 비교해 창업·투자를 정하는 것이 안정적인 방법이다.

먼저 고객조사는 인구밀도부터 고정인구(세대수, 빌딩수 등), 유동인구를 구체적으로 꼼꼼하게 확인한다. 집객 요소는 고정상권과 유동상권으로 나눌 수 있으며, 고정상권 주거 밀집지역에는 오피스, 유동상권에는 쇼핑, 관광 등이 해당된다. 여기에 시간대별 조사(소비층 비율, 소비 규모, 선호업종) 출근길을 포함한 오전 상주인구 소비 형태, 점심시간을 포함한 오후 상주인구 소비 형태, 퇴근 이후 머물러 있는 야간 상주인구 소비 형태 순으로 확인하면 된다.

점포 환경으로는 인근 업종들의 구성 및 경쟁점포의 수와 경쟁력으로 입지여건에 따라 고객 접근성이 얼마나 편리한가를 체크한다. 마지막으로 확인할 것은 상권의 전망인데, 상권의 쇠퇴 또는 팽창으로 인한 교통시설의 변경과 도로의 개설 여부 등이다.

가락시장 인근 부동산 관계자는 "가락시장역 상권은 현재 가락몰 개발, 성동구치소부지 개발, 송파헬리오시티(9,510세대) 입주시기와 맞물려 확장 추세에 있다."며 "입주가 완료되는 시점에서 3만여 명의 수요자를 확보할 수 있어 상권이 안정화될 것으로 보인다."고 전했다.

가락시장역 상권 상가 평균 시세 & 승하차인구 현황(가격 단위 : 만 원)

구분	A급 점포 (3·4번 출구 이면 1층)		A급 점포 (8번 출구 이면 1층)	
	전용면적(㎡)	33	전용면적(㎡)	33
보증금	4,000~5,000		2,000~3,000	
월세	250~300		150~180	
권리금	5,000~6,000		3,000~4,000	
공시지가(3.3㎡)	5,000~5,300(송파대로28길)		3,000~3,300(중대로8길)	
예상 토지매매가(3.3㎡)	10,000~10,600		6,000~6,600	
가락시장역 1일 승하차 이용자 수 평균 : 약 3만 6,000명(출처 : 서울교통공사)				

※ 현지 중개업소를 방문 조사한 것으로 점포 입지에 따라 약간의 시세차가 있을 수 있습니다.

서울의 대표 버스터미널

남부터미널역 상권

서울남부터미널 1일 약 600회 노선 운영

서울남부터미널 이용객 줄고, 노후시설 정비 필요

남부터미널역 1일 평균 7만 1,000명 이용

서울 3대 전자제품단지 중 하나인 국제전자센터

서울 대표 문화시설 예술의 전당

오피스·오피스텔 밀집지역

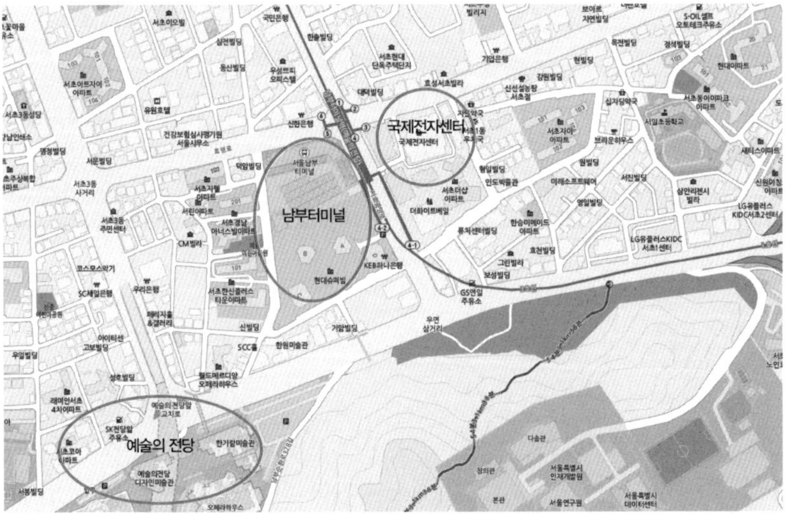

남부터미널역 상권 상가 평균 시세 & 승하차 인구

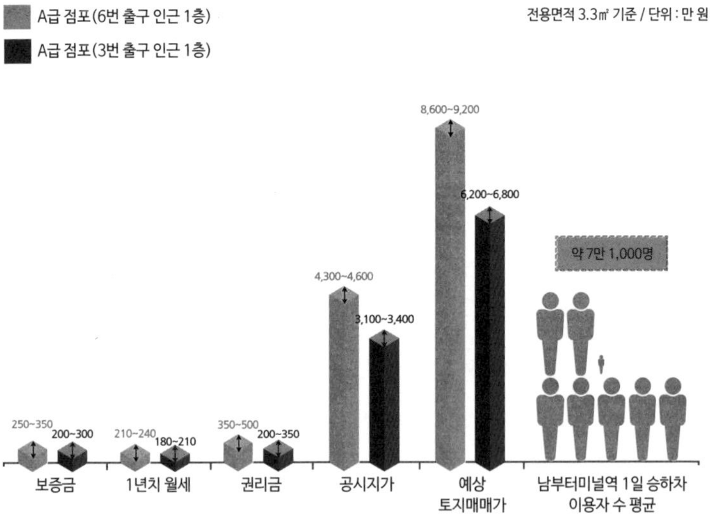

자료제공 : 상가의신

※ 현지 중개사무소를 방문 조사한 것으로 점포 입지에 따라 약간의 시세차가 있을 수 있습니다.

출처 : 국토교통부, 서울교통공사

남부터미널역 상권은 서울남부터미널이 1990년 7월 서초동 터미널로 이전하며 형성된 복합멀티상권이다. 서울남부터미널은 경기도, 충청도, 경상도, 전라도 등지로 통하는 70여 개의 버스노선이 1일 약 600회 이상 운영된다. 지하철 3호선 남부터미널역을 통해 하루 평균 승하차 인원이 7만 1,000여 명에 달하는 역세권이다.

남부터미널역 북쪽으로 교대역, 동쪽으로 양재역이 위치해 있다. 대로변에는 고층의 오피스 빌딩과 오피스텔 등이 있어 유동인구가 많은 지역에 속한다. 남부터미널 상권의 경우 강남역과 고속버스터미널역 상권 등 대형 상권에 비해 규모는 작지만 밀집도가 좋은 편이다.

남부터미널 상권은 국제전자센터와 예술의전당의 집객력으로 인해 상권이 전반적으로 안정적인 모습이다. 주변 상인들은 시설이 노후화됐고, 승용차 이용객이 늘면서 남부터미널역을 이용하는 고객들이 매년 감소하는 것이 역 주변의 상권 위축에 영향을 끼친다고 보고 있다. 남쪽으로 우면산이 있어 상권의 확장은 제한적인 것으로 평가된다.

서울남부터미널·국제전자센터 집객력 하락

남부터미널역은 전형적인 오피스 상권이다. 역 주변 대로변에는 오피스 빌딩과 근린생활시설이 밀집해 있다. 남부터미널사거리에서 가장 눈에 띄는 것은 바로 서울남부터미널이다.

서울남부터미널은 주변에서 가장 낡고 노후화된 상태로 운영 중이다. 1990년 7월 이전 후 현재까지 수도권, 충청도, 전라도, 경상도, 강원도 일부 노선이 신설돼 서울과 지방을 연결하는 시민들의 다리 역할을 하고 있다.

남부터미널역 상권은 크게 4곳으로 나눌 수 있다. 먼저 남부터미널역 3번 출구 인근에 국제전자센터가 있다. 국제전자센터는 용산전자상가, 테크노마트와 함께 국내 3대 전자제품 매장으로 손꼽힌다.

하지만 현재 온라인 구매 직배송 시장이 급속도로 꾸준하게 성장함에 따라 오프라인 매장의 약세가 지속되며 과거의 명성이 퇴색하여 영등포 테크노마트와 비슷한 모습을 보인다. 테크노마트의 경우 휴대폰 매장만 강세를 보이는데 국제전자센터의 경우는 게임기 매장이 강세를 보인다.

국제전자센터 9층에 위치한 게임기, 피규어 매장에는 평일, 주말 할 것 없이 이용객들의 발길이 끊이지 않는다. 특히 피규어와 콘솔게임의 인기가 상승함에 따라 20~50대에서 연령 구분 없이 이용하는 모습이다. 다른 층의 경우 휴대폰 매장과 식당을 제외하고는 한산한 모습이다.

서울의 대표 전자센터들은 현재 일부 매장을 제외하고는 오프라인 매장이 약세를 보이며 과거의 명성을 점차 잃고 있다. 특히 온라인을 통해 오프라인보다 더 저렴한 가격에 구매를 할 수 있어 앞으로도 오프라인 매장은 계속 줄어들 것으로 보인다. 현재 대부분의 오프라인 매장에서도 온라인 판매를 동시에 진행하며 매출 증진에 힘쓰고 있다.

남부터미널역 이름의 유래가 된 서울남부터미널은 남부터미널역 5번 출구에 위치해 있다. 남부터미널 내부로 들어가면 편의점, 햄버거 매장,

남부터미널역 상권 월 평균매출 TOP 5 업종

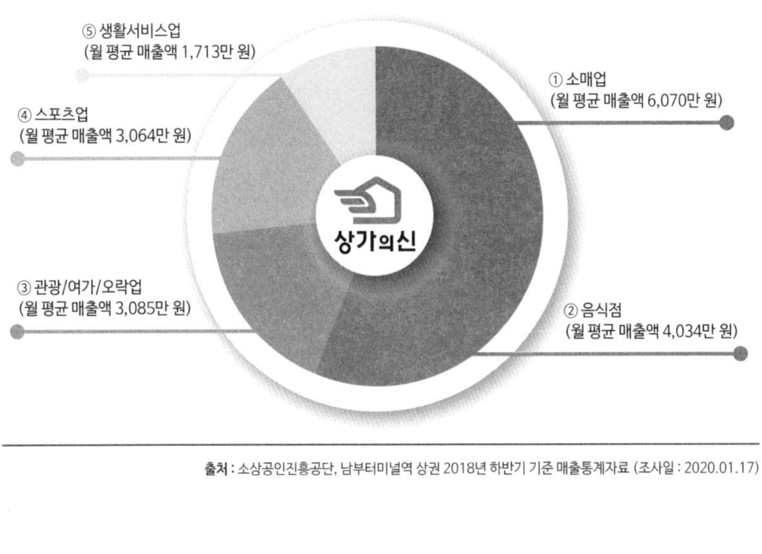

출처 : 소상공인진흥공단, 남부터미널역 상권 2018년 하반기 기준 매출통계자료 (조사일 : 2020.01.17)

도넛, 커피전문점 등이 자리 잡고 있으며 버스 이용객들에게 편의를 제공한다. 내부 시설물의 경우 노후화되어 정비가 필요해 보인다.

서울남부터미널에서는 경기도, 충청도, 경상도, 전라도 등으로 오가는 버스를 이용할 수 있다. 하지만 운행하는 노선의 다양성과 대중교통시설의 편의성이 고속버스터미널과 동서울터미널에 비해 열악해 현재 이용객들이 감소하고 있다.

서초구 대표 문화시설 예술의 전당

남부터미널역의 부명은 예술의 전당이다. 예술의 전당은 남부터미널역 5번 출구에서 도보 8분 거리이며 우면산 자락에 위치해 있다. 연면적 3만 6,857평 규모의 오페라하우스, 콘서트홀, 리사이트홀, 미술관, 예술관 등을 갖춘 복합문화예술공간이다.

1982년 1월 한국전통문화예술을 계승하고 창작 활성화에 기여하며, 국제교류 증진과 국민 문화복지를 실현하고자 건립이 발의되었다. 1993년 3단계 오페라하우스를 개관하며 복합 문화예술기관으로 건립되었으며 서울의 대표 공연·전시장으로 자리 잡았다. 2018년 한 해 동안 예술의 전당의 공연·전시장 입장객 수는 272만 9,000여 명에 달할 정도로 많은 고객의 발길이 이어지고 있다.

예술의 전당은 월요일을 제외한 모든 요일에 분수쇼를 운영하고 있는

데 이를 보기 위해 방문하는 고객이 있을 정도이다. 예술의 전당 내부에 위치한 테라스 카페에서도 분수쇼를 관람할 수 있어 창가자리는 항상 만석으로 유지되고 있다.

소상공인시장진흥공단의 2019년 인구분석 자료를 살펴보면 40대 유동인구가 21.6%로 연령별 비율 중 가장 높고 그 뒤를 이어 30대 20.6%, 60대 19%, 50대 18.3%, 20대 16%의 비율이다. 요일별 유동인구를 살펴보면 금요일에 19.7%로 유동인구가 가장 많으며 나머지 요일도 비슷한 모습이나 일요일에는 9.7%까지 크게 떨어지는 것으로 나타났다.

남부터미널역 6번 출구 이면 골목에는 먹자골목이 형성되어 있다. 횟집, 고깃집, 호프집, 분식집 등 다양한 업종이 오피스 빌딩 뒤편에 자리 잡고 있다. 이 골목 안쪽으로 다양한 음식점과 숙박업소가 뒤섞여 있다. 다양한 술집과 숙박업소가 위치한 골목은 퇴근시간부터 새벽시간까지 불야성을 이룬다.

남부터미널역 상권은 과거의 명성을 조금 잃어버린 모습이다. 하지만 주변 오피스 빌딩, 오피스텔 고객 등 상주인구와 거주인구를 배후로 확보하고 있어 지리적인 장점으로 상권의 권리금이 높게 형성돼 있다. 다만 강남권과 비교하면 절반 정도의 수준이다.

소상공인시장진흥공단의 2018년 하반기 매출통계 자료를 살펴보면 소매(월평균매출 6,070만 원), 음식(월평균매출 4,034만 원), 관광/여가/오락(월평균매출 3,085만 원), 스포츠(월평균매출 3,064만 원), 생활서비스(월평균매출 1,713만 원) 순이다.

창업을 준비 중이라면 입지 선정을 할 때 직접 발품을 팔아 공인중개사사무소에 방문하고 골목을 직접 돌아다니며 상권의 전반적인 상황에 대해 파악해야 한다. 또한 메뉴, 객단가 등을 사전에 정해두고 창업을 해야 리스크를 줄일 수 있다.

남부터미널역 6번 출구 인근 부동산 관계자는 "현재 오피스 빌딩과 오피스텔에 거주하는 인구가 많고 공실이 별로 발생하지 않는다."며 "다만 생활밀착 업종을 제외하고는 경기침체와 최저임금 인상 등으로 상인들이 많이 힘들어하고 있다. 서울남부터미널의 노후화된 이미지가 빨리 개선돼야 상권이 더욱 활성화될 것으로 보인다."고 말했다.

남부터미널역 상권 상가 평균 시세 & 승하차인구 현황(가격 단위 : 만 원)

구분	A급 점포 (6번 출구 인근)		A급 점포 (3번 출구 인근)	
	전용면적(㎡)	66	전용면적(㎡)	66
보증금	5,000~7,000		4,000~6,000	
월세	350~400		300~350	
권리금	7,000~10,000		4,000~7,000	
공시지가(3.3㎡)	4,300~4,600		3,100~3,400	
예상 토지매매가(3.3㎡)	8,600~9,200		6,200~6,800	
남부터미널역 1일 승하차 이용자수 평균 : 약 7만 1,000명(출처 : 서울교통공사)				

※ 현지 중개업소를 방문 조사한 것으로 점포 입지에 따라 약간의 시세차가 있을 수 있습니다.

서북부 끝자락에 위치한

상계역 상권

상계역 1일 승하차 약 4만 명 이용

동북선 경전철 2024년 개통 예정

상계동 뉴타운 지역 개발 진행 중

타 지역 대비 주말 유동인구 많음

대단지 아파트 배후수요 확보

노후화된 주변 시설 정비 필요

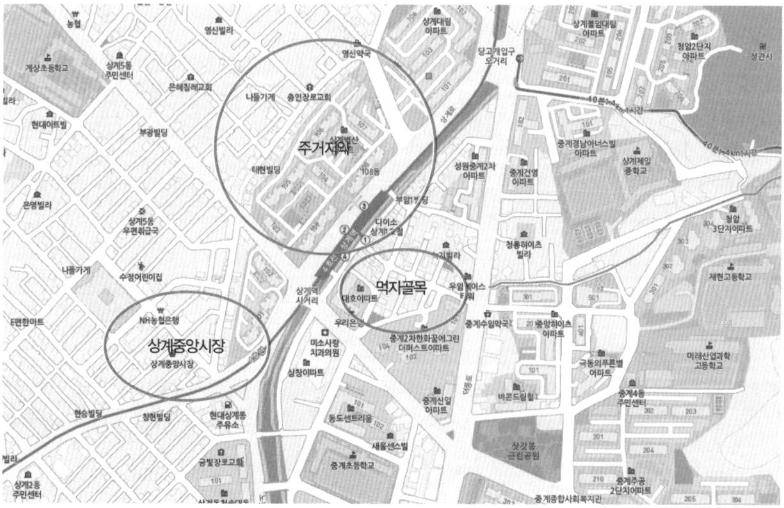

상계역 상권 상가 평균 시세 & 승하차 인구

A급 점포(1번 출구 인근 1층)
A급 점포(3번 출구 인근 1층)

전용면적 3.3㎡ 기준 / 단위 : 만 원

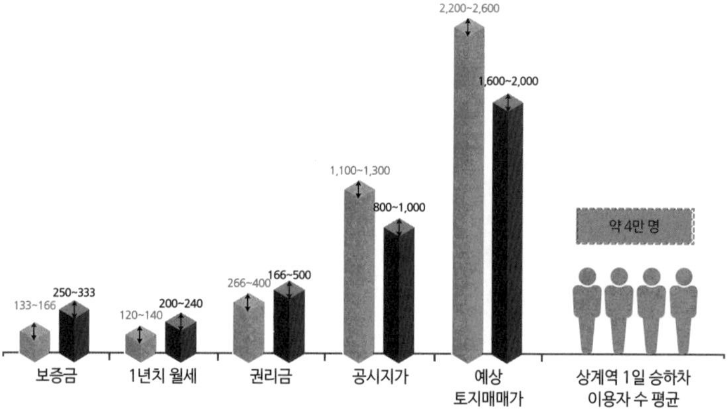

자료제공 : 상가의신

※ 현지 중개사무소를 방문 조사한 것으로 점포 입지에 따라 약간의 시세차가 있을 수 있습니다.
출처 : 국토교통부, 서울교통공사

상계역 상권은 지하철 4호선이 1985년 개통되며 역 주변에 상가 주택, 프라자 상가, 아파트 단지 등이 자리 잡으면서 형성되었다. 지하철 4호선은 서울 북쪽의 끝자락 당고개역을 시작으로 서울의 중심부인 동대문역사공원을 지나 오이도역까지 연결되는 노선으로 서울 시내와 수도권을 연결해준다.

상계역 북쪽으로는 당고개역이, 남쪽으로는 서북의 대표 상권인 노원역이 자리 잡고 있다. 상계역의 경우 1일 승하차 인원이 4만여 명에 달한다. 지하철 4호선을 이용해 서울의 중심부까지 이동하는 데 다소 시간이 걸리며 불편한 환승 시스템으로 고객들의 불만이 많다.

이러한 불편한 교통문제를 해소하기 위해서 왕십리역~상계역까지 16개 역(13.4km)을 잇는 노선(2024년 개통 예정)이 신설된다. 개통 이후에는 노원구 은행사거리에서 왕십리역까지 이동 시간이 46분에서 22분으로 약 20분 이상 절약될 것이다.

상계역을 중심으로 연립 주택과 아파트 단지가 밀집해 있어 배후수요가 탄탄한 상권에 속한다. 대표적으로 상계벽산아파트(1,590세대), 상계대림아파트(675세대), 상계불암대림아파트(634세대), 청암2단지아파트(602세대), 중계경남아너스빌아파트(299세대), 중계2차한화꿈에그린더퍼스트아파트(283세대) 등 인근에 위치한 대단지 아파트를 포함하면 약 1만 5,000세대 이상이 거주하고 있다. 그리고 상계역 인근에 계상초등학교, 상계제일중학교, 재현고등학교, 미래산업과학고등학교 등 학교가 밀집해 있다.

상계역 출구별 상권의 차이

상계역 대표 상권에 속하는 상계역 1번 출구 정면부에는 휴대전화 대리점, 화장품 매장, 사진관, 병원 등이 위치해 있고 골목 안쪽으로 고깃집, 노래방, 분식집, PC방, 미용실, 패스트푸드점 등 다양한 업종이 영업 중이다.

골목 안쪽에서 가장 눈에 띄는 점은 40~50대를 주 타깃으로 하던 상권에 변화가 일어나기 시작했다는 것이다. 10~20대에게 인기 있는 프랜차이즈 매장이 입점하기 시작하며 10~20대의 유동인구가 증가하고 있는 모습이다.

상계역 1번 출구 주변에는 노후화된 상태의 건물들이 많이 있어 정비가 필요한 모습이다. 특히 단층건물의 경우 불법건축물도 눈에 띈다. 주말의 경우 불암산을 이용하려는 고객들이 몰려 인산인해를 이룬다. 등산객들이 등산 이후 간단한 식사와 반주를 하는 경우가 많은데 외부의 유입이 적은 상권에서 강점으로 작용하는 모습이다.

상계역 1번 출구 옆에 위치한 4번 출구의 경우 대호프라자쇼핑타운과 연결되어 있어 프라자 상가를 이용하는 고객들에게 접근성을 높였으며 1층 상가에는 파리바게트, 배스킨라빈스 등 유명 프랜차이즈 매장이 입점하여 집객력을 높이는 역할을 하고 있다.

2, 3번 출구는 상계벽산아파트와 인접해 있고 횡단보도를 건너면 스트리트형 단지 내 상가가 위치해 있다. 1989년 입주한 아파트로 상가시설

이 많이 노후화된 모습으로 리모델링이 필요해 보인다.

요일별 유동인구를 살펴보면 금요일에 14.7%로 유동인구가 가장 많으며 나머지 요일도 비슷한 모습이다. 특히 다른 상권과 다르게 일요일에 12.3%로 높은 유동인구의 비율을 보였다. 역 인근에 주거단지가 몰려있고 등산객들이 방문하기 때문인 것으로 풀이된다.

소상공인시장진흥공단의 2018년 하반기 매출통계 자료를 살펴보면 음식(월평균매출 6,474만 원), 소매(월평균매출 6,450만 원), 스포츠(월평균매출 4,434만 원), 생활서비스(월평균매출 3,013만 원), 관광/여가/오락(월평균매출 1,594만 원) 순이다.

상계역 상권 월 평균매출 TOP 5 업종

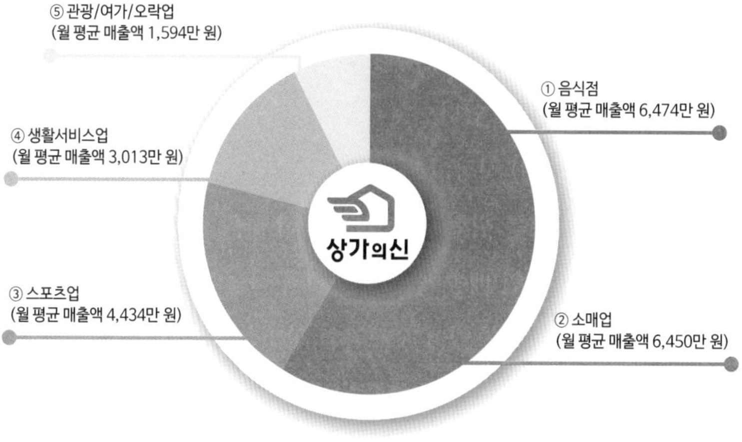

출처 : 소상공인진흥공단, 상계역 상권 2018년 하반기 기준 매출통계자료 (조사일 : 2020.01.17)

상계역 거주자 밀집지역 개발호재까지

상계역 상권은 역을 중심으로 대단지 아파트와 상가 주택 등이 밀집해 있으며, 주변에 초·중·고등학교 등 학군이 형성돼 있어 상권 전체에 10대의 비율이 다른 지역보다 높은 편이다. 또한 10대들이 자주 이용하는 PC방이 상계역 반경 500m 내에 10개 이상 밀집해 있는 모습이다.

상계동에 위치한 재래시장인 상계중앙시장은 시장정비사업을 통해 과거의 낡고 지저분한 느낌에서 간판과 지붕 등 주변이 정비되며 깔끔한 모습으로 고객을 맞이하고 있다. 시장골목은 약 200m로 정육점, 생선가게, 분식집, 과일가게, 음식점 등 다양한 업종이 자리 잡고 있다. 저렴한 가격과 인심을 통해 재래시장의 명맥은 이어가고 있으나 차량으로 10분 거리 내에 대형 유통시설 등이 자리 잡고 있어 시장을 이용하는 고객들의 발길이 점차 줄어들고 있다.

이커머스(전자상거래) 시장이 점차 사업영역을 확장해나가며 전통시장과 주변 중·소형 마트를 위협하고 있다. 특히 쿠팡, 11번가, G마켓 등 온라인 쇼핑몰의 공격적인 배송 서비스로 인해 직접 방문하지 않아도 당일에 주문한 상품을 받을 수 있어 오프라인 상인들의 피해가 발생할 수 있으므로 이벤트를 통해 고객을 유치할 방법을 강구해야 한다.

소상공인시장진흥공단의 2019년 인구분석 자료를 살펴보면 60대 유동인구가 25.1%로 연령별 비율 중 가장 높고 그 뒤를 이어 50대 17.9%, 40대 16.6%, 20대 13.6%, 30대 11%의 비율이다.

상계역 상권은 1일 승하차 이용객이 4만여 명에 달하는 역세권이다. 하지만 서북부 끝자락에 위치한 탓에 서울의 중심부와 강남으로의 이동이 불편하다. 이러한 교통문제를 해소하기 위해 왕십리역~미아사거리~은행사거리~상계역까지 16개 역(13.4km)을 잇는 서울 동북선 경전철이 착공되었다. 사업이 본 궤도에 오르고 예정대로 2024년에 개통되면 왕십리역을 기점으로 상계역까지 약 25분 만에 이동할 수 있으며, 왕십리역을 통해 강남과의 접근성도 높아질 것으로 기대된다.

또한 남양주 진접역의 신설로 4호선의 확장공사가 2021년 완공을 앞두고 있어 상권에 긍정적인 영향을 가져다줄 것으로 보인다. 여기에 동부간선도로 지하화 및 중랑천변 공원화(2026년 예정), 창동 차량기지 이전 및 복합시설 개발(2025년 예정), 창동기지 서울대병원 유치, 창동·상계 신경제중심지 조성(2024년 예정)으로 재개발, 재건축 도시재정비계획 및 도시재생활성화사업이 빠르게 진행 중이어서 상권 전반에 긍정적인 요인으로 작용할 것으로 보인다.

상계동 지역에서 가장 큰 이슈는 상계 뉴타운 지역이다. 현재 3구역을 제외한 1·2·4·5·6구역의 뉴타운 사업이 진행 중이다. 4구역의 경우 2020년 1월 입주 예정이며 나머지 구역도 사업이 빠르게 진행되고 있어 노후화된 지역에 신규 상권이 형성되면 인근 지역에도 긍정적인 영향이 미칠 것으로 보인다.

상계동 상권에서 창업을 준비 중이라면 상계역 1번 출구 인근에서 하는 것이 가장 안전할 것으로 보인다. 아파트 단지 내 상가의 경우 아파트 거주민을 제외하고는 수요가 약한 편에 속해 먹자골목을 추천한다. 현재 상권이 형성되어 있고 공실률이 낮아 아이템과 입지 선정에 시간을 투자한다면 성공적인 창업을 할 수 있을 것으로 보인다.

상계역 1번 출구 인근 부동산 관계자는 "현재 상계역과 당고개역 일대에 뉴타운 사업이 빠르게 진행되며 상계동 전체의 분위기가 변화하고 있다."며 "상계역 상권의 경우 불법건축물 등으로 인해 정비 사업이 늦어지고 있다. 다만 상권은 현재 등산객과 대단지 배후수요를 확보한 탓에 안정적이다."라고 말했다.

상계역 상권 상가 평균 시세 & 승하차인구 현황(가격 단위 : 만 원)

구분	A급 점포 (1번 출구 인근)		A급 점포 (3번 출구 인근)	
	전용면적(㎡)	99	전용면적(㎡)	22
보증금	4,000~5,000		1,500~2,000	
월세	300~350		100~120	
권리금	8,000~12,000		1,000~3,000	
공시지가(3.3㎡)	1,100~1,300		800~1,000	
예상 토지매매가(3.3㎡)	2,200~2,600		1,600~2,000	
상계역 1일 승하차 이용자 수 평균 : 약 4만 명(출처 : 서울교통공사)				

※ 현지 중개업소를 방문 조사한 것으로 점포 입지에 따라 약간의 시세차가 있을 수 있습니다.

베드타운 이미지 강한

제2기 신도시 상권

2003년 제2기 신도시 개발사업 시작

2기 신도시 베드타운 이미지

광역교통망 등 다양한 개발사업 진행 중

제2기 신도시는 2003년 노무현 정부 시설에 계획된 지역이다. 제1기 신도시 개발 이후 난개발이 문제화되고 주택 가격 급등의 문제가 제기되자 대규모 계획도시사업의 일환으로 제2기 신도시 계획을 발표했다. 제2기 신도시는 지역별로 개발에 착수한 기간이 달라 개발이 끝난 지역과 개발사업이 현재도 진행 중인 곳으로 나뉜다.

신도시의 경우 도시개발을 체계적으로 진행하기 때문에 교통 및 접근성이 우수하고 상업구역이 나눠져 상권 형성이 잘 이루어지며 대부분 지역에서 랜드마크 도시로 자리 잡는 경우가 많다. 먼저 제1기 신도시의 경우 분당, 일산, 중동, 평촌, 산본 신도시가 있으며 제2기 신도시는 성남판교, 화성동탄1·2, 김포한강, 파주운정, 광교, 양주, 위례, 고덕 국제화도시, 인천 검단 신도시가 있다.

제2기 신도시의 경우 대부분 베드타운이다. 제1기 신도시에 비해 서울과의 접근성이 떨어지고 출근시간에 대부분의 주거 인구가 서울로 이동해 상권 자체에서 소비하는 인구가 적어 상권 형성에 제한적인 면이 있다.

특히 수도권 신도시는 대부분 경기도나 인천에 조성되는데 초기 교통시설의 부재로 인해 불편함을 호소하는 경우가 많다. 대부분의 신도시에서 대중교통을 이용해 서울의 중심부로 이동하기까지 30분~1시간 이상 걸리는 경우가 많다. 다만 GTX·트램이 예정돼 있어 교통여건이 개선될 것으로 예상되지만 2~3년가량 인고의 시간이 필요하다.

현재 제2기 신도시 중 판교, 광교, 동탄1·2신도시의 경우 완성된 교통망은 아니지만 신분당선, 1호선, SRT 수서고속철도를 통해 수도권과 접근하는 형태로 상권이 형성되고 있다.

판교신도시 상권

판교 신도시 상권의 경우 우수한 교통망으로 상권이 형성되고 있다. 판교역은 신분당선을 통해 강남~판교, 경강선 판교~여주 구간의 환승역으로 하루 평균 유동인구가 10만여 명에 달할 정도이다.

판교~광주~이천~여주로 이어지는 경강선이 2016년 개통되며 수도권 각지에서 접근이 편리해지면서 인근 평촌, 용인, 광교 등에서 판교로 인구가 유입되었다. 월곶~판교 GTX와 트램이 예정돼 있어 향후 교통망의 발달로 유동인구가 더욱 증가할 것으로 예상된다.

판교 알파돔시티는 연면적 약 36만 평 규모로 코엑스의 4배에 달한다. 카카오게임즈, 네이버 등 IT업체가 입주해 있으며, 현대백화점이 자리 잡

판교역 상권 상가 평균 시세 & 승하차 인구

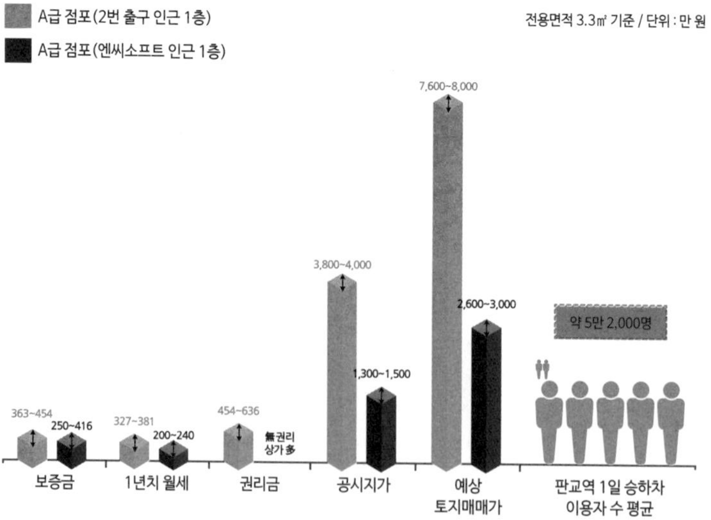

자료제공 : 상가의신

※ 현지 중개사무소를 방문 조사한 것으로 점포 입지에 따라 약간의 시세차가 있을 수 있습니다.

출처 : 국토교통부, 서울교통공사, 네오트랜스주식회사

고 있다. 이 지역은 판교역 주변에서 가장 유동인구가 많으며 판교역을 둘러싸고 대규모 아파트 단지가 자리 잡고 있어 소비 수요가 많다.

판교역 북쪽으로는 판교테크노밸리가 자리 잡고 있다. 이 지역에는 넥슨, 엔씨소프트, SK플래닛, 섬성중공업 등 대기업이 있어 직장인 유동인구가 많다. 엔씨소프트 건너편 유스페이스1 빌딩에 음식점이 밀집해 있어 점심시간에 주변 직장인들이 많이 찾는다.

소상공인시장진흥공단의 2019년 인구분석 자료를 살펴보면 30대 유동인구가 27.1%로 연령별 비율 중 가장 높고 그 뒤를 이어 40대 23.6%, 20대 17.8%, 50대 14.1%, 60대 13.3%의 비율이다. 요일별 유동인구를 살펴보면 금요일에 16.1%로 유동인구가 가장 많으며 나머지 요일도 비슷한 모습이나 일요일에는 9.9%까지 떨어지는 것으로 나타났다.

다만 판교역 주변 상권과 판교 테크노밸리 상권은 동안교와 쌍룡교 아래에 흐르는 하천으로 인해 접근성이 떨어지며 상권에서 차이가 있으므로 판교신도시에서 창업을 고려하고 있다면 상권에 직접 방문해 상권에 대한 분석이 필요할 것으로 보인다. 또한 판교역 주변 알파돔시티의 경우 아직 개발이 진행 중인 점도 고려해야 한다.

소상공인시장진흥공단의 2018년 하반기 매출통계 자료를 살펴보면 음식(월평균매출 1억 1,531만 원), 관광/여가/오락(월평균매출 7,382만 원), 스포츠(월평균매출 7,218만 원), 소매(월평균매출 6,360만 원), 학문/교육(월평균매출 3,987만 원) 순이다.

판교역 상권 월 평균매출 TOP 5 업종

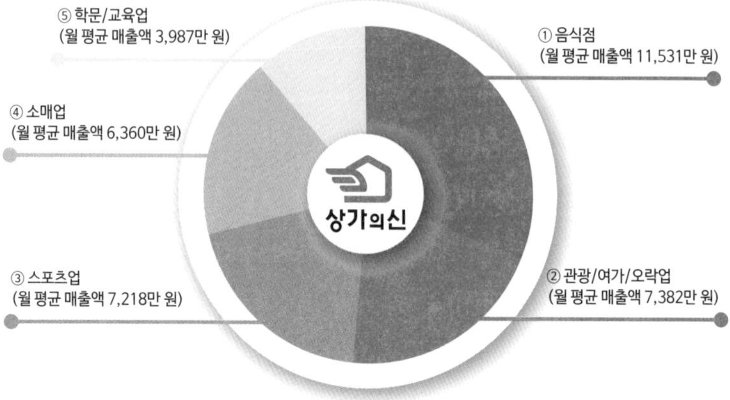

출처 : 소상공인진흥공단, 판교역 상권 2018년 하반기 기준 매출통계자료 (조사일 : 2019.12.13)

판교역 상가 평균 시세 & 승하차인구 현황(가격 단위 : 만 원)

구분	A급 점포 (2번 출구 인근 1층)		A급 점포 (엔씨소프트 인근 1층)	
	전용면적(㎡)	36	전용면적(㎡)	40
보증금	4,000~5,000		3,000~5,000	
월세	300~350		200~240	
권리금	5,000~7,000		무권리 상가 많음	
공시지가(3.3㎡)	3,800~4,000(대왕판교로)		1,300~1,500(대왕판교로606번길)	
예상 토지매매가(3.3㎡)	7,600~8,000		2,600~3,000	
판교역 1일 승하차 이용자 수 평균 : 약 5만 2,000명 (출처 : 한국철도공사, 네오트랜스주식회사)				

※ 현지 중개업소를 방문 조사한 것으로 점포 입지에 따라 약간의 시세차가 있을 수 있습니다.

광교신도시 상권

광교신도시는 경기도 수원시 영통구, 원천동, 이의동, 하동, 팔달구 우만동과 용인시 수지구 상현동 일대에 걸쳐 조성되었다. 수원시 전체면적의 88%, 용인시 전체면적의 12%가 이에 해당된다.

광교신도시의 경우 수원컨벤션센터, 광교고등검찰청, 광교고등법원 등의 시설이 자리 잡았고 2021년 12월까지 경기도청, 경기도의회, 경기도교육청, 경기도시공사, 한국은행 등이 차례로 입주할 예정이어서 자급자족할 수 있는 경제 기반이 마련될 것으로 보인다.

광교신도시는 웰빙타운, 캠퍼스타운, 센트럴타운, 에듀타운, 호수마을, 광교마을, 호반마을, 가람마을 해서 8개의 마을이 자리 잡고 있다. 그중 웰빙타운은 친환경 주거 단지로 국내외 친환경 인증을 획득한 에너지 자족형 주거 단지로 구성된다. 센트럴타운은 경기도청, 경기도시의회, 경기도교육청 등 행정업무지구로 조성되며, 에듀타운은 특화구역으로 초·중·고등학교를 중심부에 위치시키고 문화, 평생교육, 스포츠 등 다양한 커뮤니티 활동을 활성화하는 것이 주된 목표이다.

광교신도시의 교통망은 용인~서울~영동~경부고속도로 광역교통망으로 수도권 및 인근 도시로의 진출입이 용이하다. 신분당선 상현역~광교역 구간이 광교신도시 구간을 관통한다. 또한 GTX-A노선 구성역이 착공 예정이라 강남으로의 접근성이 우수해질 전망이다.

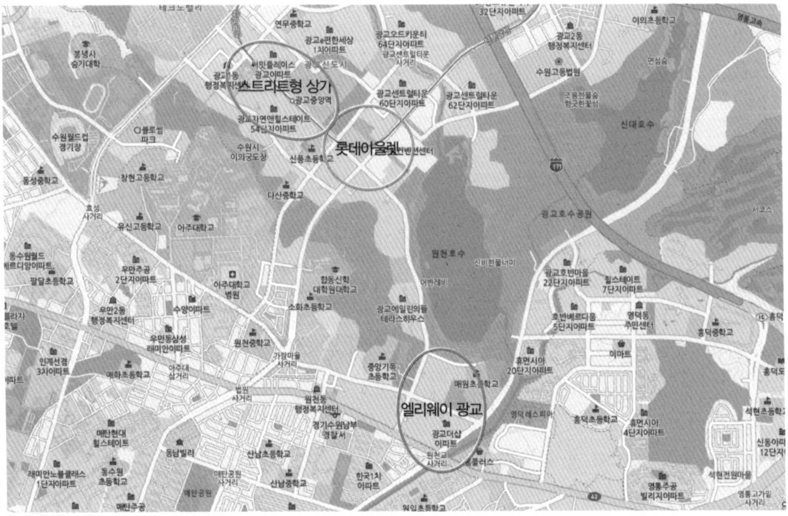

광교중앙역 상권 상가 평균 시세 & 승하차 인구

A급 점포(3번 출구 이면 1층)
A급 점포(엘리웨이 광교 1층)

전용면적 3.3㎡ 기준 / 단위 : 만 원

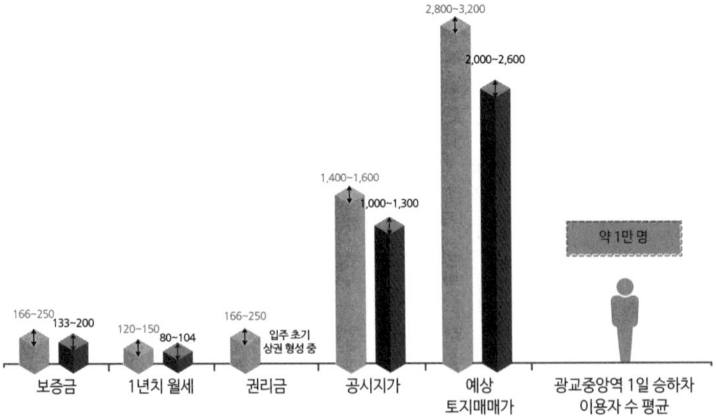

자료제공 : 상가의신

※ 현지 중개사무소를 방문 조사한 것으로 점포 입지에 따라 약간의 시세차가 있을 수 있습니다.
출처 : 국토교통부, 네오트랜스주식회사

광교신도시에서 사람들이 많이 모이는 곳은 도청사거리에 위치한 롯데아울렛 광교점이다. 배후 대단지 수요를 확보해 성업 중이다. 평일, 주말 할 것 없이 고객의 발길이 이어지고 있다. 롯데아울렛과 더불어 롯데시네마가 입점해 있어 원스톱으로 쇼핑, 식사, 문화시설까지 가능하다.

광교신도시의 대표적인 상권으로는 앨리웨이 광교를 꼽을 수 있다. 이 지역은 대기업 프랜차이 브랜드가 아닌 젊은 트랜드에 맞춘 SNS상에서 인기 있는 맛집들이 자리 잡고 있다. 이색적인 인테리어와 벽화 등으로 고객들의 발길이 이어지고 있다. 앨리웨이 광교는 시행사가 직접 운영하는데 MD관리를 통해 업종을 구분, 관리하여 키 테넌트 매장으로 쏠림 현상을 방지하며 상권 전체에 긍정적인 영향을 주고 있다.

광교신도시 전체 지역 상권 내에는 아직 활성화되지 못한 지역도 다소 있지만 시간이 지나면서 차츰 공실 문제도 해결될 것으로 보인다.

소상공인시장진흥공단의 2019년 인구분석 자료를 살펴보면 40대 유동인구가 25.9%로 연령별 비율 중 가장 높고 그 뒤를 이어 30대 24.6%, 50대 17.8%, 20대 14.3%, 60대 11.2%의 비율이다. 요일별 유동인구를 살펴보면 금요일에 15.3%로 유동인구가 가장 많으며 나머지 요일도 비슷한 모습이나 일요일에는 12.2%까지 떨어지는 것으로 나타났다.

광교신도시에서 창업을 고려하고 있다면 앨리웨이 광교에 입점하는 것을 추천한다. 다만 창업하려면 직접 방문해 상권의 현재 상태를 면밀히 살펴볼 필요가 있다. 앨리웨이 광교의 경우 역에서 도보로 이동하기에는 거리가 꽤 있어 직접 현장에 방문해 철저하게 분석을 해야 창업 시 리스크를 줄일 수 있다.

광교중앙역 상권 월 평균매출 TOP 5 업종

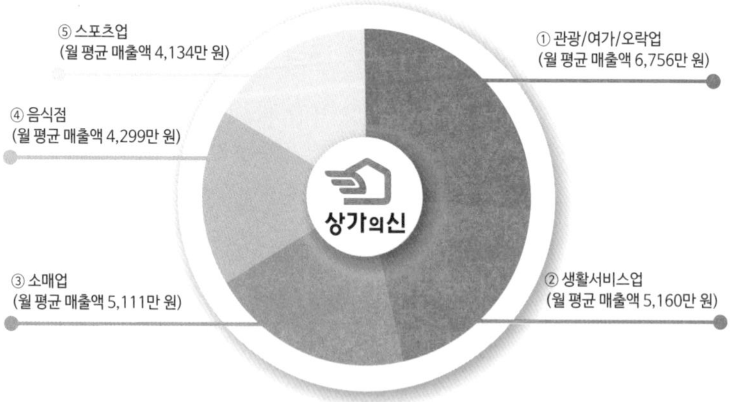

출처 : 소상공인진흥공단, 광교중앙역 상권 2018년 하반기 기준 매출통계자료 (조사일 : 2019.12.13)

소상공인시장진흥공단의 2018년 하반기 매출통계 자료를 살펴보면 관광/여가/오락(월평균매출 6,756만 원), 생활서비스(월평균매출 5,160만 원), 소매(월평균매출 5,111만 원), 음식(월평균매출 4,299만 원), 스포츠(월평균매출 4,134만 원) 순이다.

광교중앙역 상가 평균 시세 & 승하차인구 현황(가격 단위 : 만 원)

구분	A급 점포 (3번 출구 이면 1층)		A급 점포 (앨리웨이 광교 1층)	
	전용면적(㎡)	40	전용면적(㎡)	50
보증금	2,000~3,000		2,000~3,000	
월세	120~150		100~130	
권리금	2,000~3,000		입주 초기 상권 형성 중	
공시지가(3.3㎡)	1,400~1,600(광교사거리)		1,000~1,300(광교호수공원로)	
예상 토지매매가(3.3㎡)	2,800~3,200		2,000~2,600	
광교중앙역 1일 승하차 이용자 수 평균 : 약 1만 명(출처 : 네오트랜스주식회사)				

※ 현지 중개업소를 방문 조사한 것으로 점포 입지에 따라 약간의 시세차가 있을 수 있습니다.

동탄2신도시 상권

동탄2신도시는 2008년부터 조성한 2기 신도시로 총면적 24.01km^{2}로 분당신도시의 약 1.8배에 달하는 곳이다. 커뮤니티 시범단지, 광역비즈니스 콤플렉스, 문화디자인밸리, 테크노밸리, 워터프론트 콤플렉스, 신주거문화타운, 의료복지시설 등으로 계획되었으며 대단지 아파트와 주거시설이 밀집한 지역별로 상권이 형성되어가는 중이다.

동탄2신도시 상권은 신도시개발사업과 대기업산업단지의 이전 등으로 거주자들이 늘어나며 상권이 확장되고 있다. 동탄2신도시는 경기도 화성시 영천동, 오산동, 청계동, 신동, 중동, 목동, 산척동, 방교동, 장지동, 금곡동, 송동 일대에 조성되었다.

동탄1신도시와 마찬가지로 주민들 상당수가 인근의 삼성전자와 관련해 전입한 경우가 많은 것으로 보인다. 반월동에 삼성전자 나노시티 화성캠퍼스가 위치해 있으며 기존 규모보다 더 큰 라인이 신축 중이다. 인근에는 LG전자와 현대자동차연구소, 기아자동차 화성공장, 삼성전자 평택캠퍼스도 위치해 있다.

동탄역은 SRT가 개통된 후 수서역까지 14분 만에 닿을 수 있게 되었다. 2023년 개통 예정인 GTX-A노선은 파주~일산~삼성~동탄을 오가는 83.3km 구간이다. 국토교통부가 발표한 계획대로라면 안산~삼성 GTX는 2023년 개통될 예정으로 동탄역에서 삼성역까지 18분이면 이동할 수 있다. 여기에 인덕원과 동탄을 잇는 복선전철사업, 경부고속도로 지하화 사업도 추진 중이다.

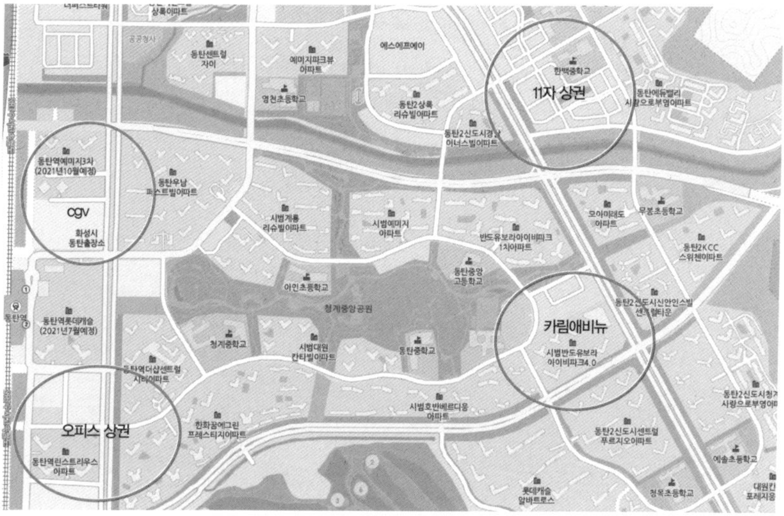

동탄역 상권 상가 평균 시세 & 승하차 인구

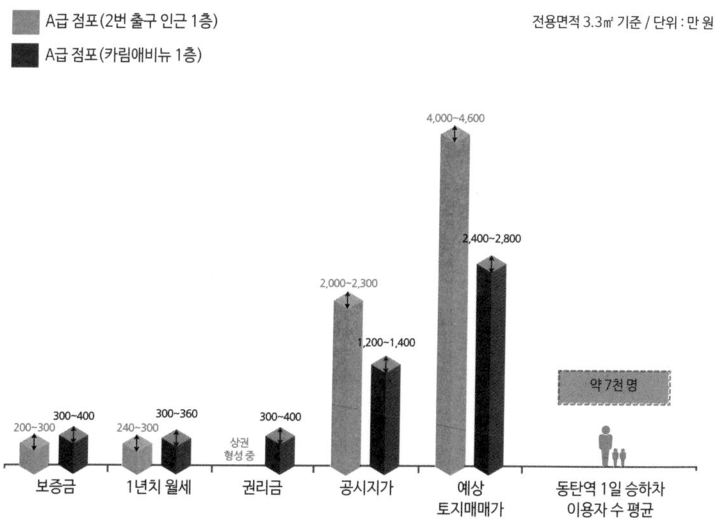

자료제공 : 상가의신

※ 현지 중개사무소를 방문 조사한 것으로 점포 입지에 따라 약간의 시세차가 있을 수 있습니다.
출처 : 국토교통부, 한국철도공사

동탄역 1번 출구로 나가면 공사가 진행 중인 롯데타운이 보인다. 오피스텔, 아파트, 롯데백화점 등 롯데의 주요 브랜드가 공사 중이다. 롯데백화점 북쪽으로 라스플로레스 상가가 눈에 들어온다.

라스플로레스 상가에는 현재 CGV가 입점해 있지만 1층과 2층 상가의 절반 이상이 공실인 상황이다. CGV를 이용하는 이용객도 적어 상가 자체에 유입되는 인구가 적어 보인다.

동탄역 2번 출구 남쪽 방향 횡단보도를 지나면 오피스텔 단지가 몰려 있는 지역이 눈에 들어온다. 이 지역은 곳곳에서 대규모 공사 중인데 동탄역 주변이 가장 활성화된 상권의 모습을 갖췄다. 여기에 집객력이 우수한 스타벅스가 대로변에 입점해 있는 것을 볼 때 안정적인 상권임을 알 수 있다.

동쪽에 위치한 카림애비뉴 상권은 배후수요가 있는 항아리 상권이다. 상가의 경우 슬리퍼 생활권으로 통할 정도로 우수한 접근성을 통해 두터운 소비층을 확보한 모습이다. 동탄2신도시 지역에서 평일, 주말 할 것 없이 유동인구가 많은 지역 중 한 곳이다.

특히 카림애비뉴 지역은 유럽풍 도심설계로 뛰어난 가시성과 편리한 접근성으로 유동인구 유입에 유리한 구조로 설계되었다. 스트리트형 상가로 실내공간이 외부로 이어져 동선이 편리하고 상가를 이용하는 수요를 끌어들이기도 유리해 상가를 이용하는 고객이 많은 것으로 보인다.

이주자택지 지역에 가장 먼저 형성된 11자 상권의 경우 11자 형태의 도로 양쪽으로 프라자 상가가 밀집해 있다. 대로변과 접해 접근성이 우수하고 안정적인 상권의 모습이다. 특히 대단지 배후수요를 확보해 성업

동탄역 상권 월 평균매출 TOP 5 업종

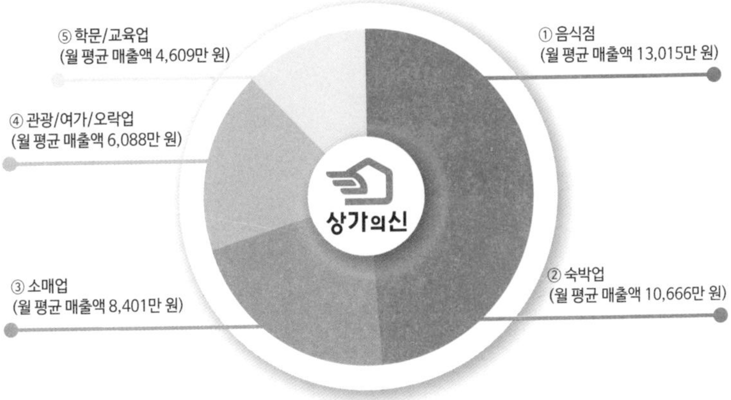

출처 : 소상공인진흥공단, 동탄역 상권 2018년 하반기 기준 매출통계자료 (조사일 : 2019.12.13)

중인 것으로 보이며, 공실이 일부 있지만 빠르게 임차인을 확보할 수 있을 것으로 예상된다.

이면 골목을 살펴보면 2~3층 주택형 상가가 밀집해 있다. 골목 안쪽으로 음식점, 미용실, 학원, 병원 등 다양한 업종이 있으며 안정적인 상권으로 자리 잡을 것으로 보인다. 골목에 있는 주차장도 1시간 반은 무료로 이용할 수 있어 외부 방문객에게 편의를 제공하고 있다.

소상공인시장진흥공단의 2019년 인구분석 자료를 살펴보면 40대가 29.5%로 연령별 비율 중 가장 높고 그 뒤를 30대 23.2%, 50대 10.5%, 60대 8.1%, 20대 7.4%의 비율이다. 요일별 유동인구를 살펴보면 화요일 14.9%로 유동인구가 가장 많으며 나머지 요일도 비슷한 모습을 보였다.

동탄2신도시에서 창업을 고려하고 있다면 자신이 준비한 자금을 확인하고 발품을 팔아야 안정적인 창업을 할 수 있을 것으로 보인다. 특히 신도시 상가의 경우 기본적으로 입주가 완료되고 3~5년의 시간이 지나야 상권이 자리 잡는 경우가 많아 상권에 직접 방문해보고 주변 상황을 직접 확인하고 창업에 임해야 리스크를 줄일 수 있다.

소상공인시장진흥공단의 2018년 하반기 매출통계 자료를 살펴보면 음식(월평균매출 13,015만 원), 숙박(월평균매출 10,666만 원), 소매(월평균매출 8,401만 원), 관광/여가/오락(월평균매출 6,088만 원), 학문/교육(월평균매출 4,609만 원) 순이다.

동탄역 상권 상가 평균 시세 & 승하차인구 현황(가격 단위 : 만 원)

구분	A급 점포 (2번 출구 인근 1층)		A급 점포 (카림애비뉴 1층)	
	전용면적(㎡)	33	전용면적(㎡)	33
보증금	2,000~3,000		3,000~4,000(보행자도로)	
월세	200~250		250~300	
권리금	상권 형성중		3,000~4,000	
공시지가(3.3㎡)	2,000~2,300(동탄오산로)		1,200~1,400(동탄대로시범길)	
예상 토지매매가(3.3㎡)	4,000~4,600		2,400~2,800	
동탄역(SRT) 1일 승하차 이용자 수 평균 : 약 7,000명(출처 : 한국철도공사)				

※ 현지 중개업소를 방문 조사한 것으로 점포 입지에 따라 약간의 시세차가 있을 수 있습니다.